ECER ② 차의 언어   selectpin

차의 언어
ECER Vol.2
초판 1쇄 발행 2023년 4월 25일
2쇄 발행 2023년 5월 17일

글 정혜주
기획 편집 김슬아
사진 손미현
디자인 워크룸
교정 민소연
인쇄 및 제책 세걸음

발행처 셀렉트핀
발행인 오윤환
출판등록 2021년 5월 28일 (제651-2021-000034)
주소 서울특별시 성북구 낙산길 243-15
메일 selectpin@gmail.com
홈페이지 selectpin.kr

ISBN 979-11-975168-2-5
정가 40,000

이 책의 일부를 사용하기 위해서는
저자와 출판사 양쪽 모두의 동의를 얻어야 합니다.

차를 마신다는 것은 무엇일까요? 차를 우린다는 행위는 또한 무엇일까요? 차는 기호 음료 중 가장 역사가 오래된 것 가운데 하나고, 각기 다른 문화적 배경을 가진 지역에서 다양한 방법으로 음용되며 현재에 이르고 있습니다. 그러하기에 차를 우리고 마시는 데 만고불변한 단 하나의 형태만이 존재한다고 단언할 수는 없을 것입니다. 이 시대에 살고 있는 우리는 여러 가지 차를 다채로운 방법으로 마실 수 있답니다.

차를 우린다는 행위의 핵심은 물의 힘을 빌려 찻잎의 맛과 향을 드러나게 하는 것에 있습니다. 가장 쉽게는 유리잔 하나에 물을 붓고 찻잎을 넣으면 되는 것이기도 하겠지요. 세상 좋은 물을 고르고 길어와 물을 끓이는 것에서 시작되기도 합니다. 물을 끓이는 방법과 도구를 고심하고, 다구를 섬세하게 골라 정성스레 물의 온도를 맞추고 찻잎을 관찰하여 그 찻잎이 가진 최대치의 맛과 향을 끌어내는 것. 이런 정성스러운 수고를 부러 더하고 과정을 즐기며 차를 우리고 음미하는 것 역시 차입니다.

간단하든 수고롭든, 차를 '마신다'는 결과에는 변함이 없어요. 정답은 없어요. 하지만 차를 즐기는 방식도 일종의 '언어'를 이용한 소통이랍니다. 관찰하면 할수록, 알면 알수록, 이해하면 할수록, 집중하면 할수록 즐길 수 있는 것들이 많아져요. 마치 우리가 어떤 언어에 익숙해지면 익숙해질수록 읽고 볼 수 있는 것들이 많아지는 이치라 할 수 있을 것입니다. 어떤 언어가 우월하고 어떤 언어가 열등하다 하지 않듯, 차를 즐기는 마음에도 우월함과 열등함이 있을 수 없어요. 하지만 마음만 가지고 소통할 수는 없겠지요. 문법에 맞는 언어로 더욱 단정하게 소통할 수 있듯, 차 역시 정성이라는 마음을 기본으로 하는 최소한의 문법이 필요해요.

그래서 제가 차를 대하는 '차의 언어'를 알려드리려고 합니다. 차를
설명하지 않을 거예요. 세상의 모든 차와 모든 종류의 다구를 소개하지도
않으려 합니다. 그저 차를 사랑하는 수많은 사람 가운데 한 사람의
이야기를 들려드리려 합니다. 무엇이 옳고 그르다고 하지 않습니다.
찻잎을 소중히 여기는 나의 마음, 기물을 아끼는 나의 마음, 찻자리에
마주한 모든 사람을 공경하는 나의 마음을 보여드리고자 합니다.
이 책은 차에 대한 이야기도 하지만, 차를 대하는 나에 대한 이야기,
나의 '차의 언어'를 만드는 것에 관한 이야기입니다.

수많은 차를 접할 때 가장 우선할 것은, 차를 자세히 들여다보는 거라고
생각해요. 수많은 작가의 새로운 다구와 만나게 될 때 역시, 애정을 갖고
들여다보는 것이 먼저여야 한다고 생각해요. 결국 대상에 대한 관심과
사랑입니다. 보면 알게 되는 것들이 있습니다. 찻잎이 들려주는 이야기에,
다구가 들려주는 이야기에 어떻게 하면 조금 더 귀를 기울일 수 있을까요?
그 언어를 이루는 최소한의 문법, 그리고 정성스러운 마음이 지나가는
언어의 흔적을 보여드리려 합니다.

　　　　잎
　　　　물

　잎, 그리고 물이 담기는
　　　　잔
　　　　다관
　　　　개완

　잎과 찻물을 담아 주고 옮겨 주는
　　　　공도바
　　　　호승
　　　　퇴수기
　　　　다하

　차 생활에 의미를 더해 주는 도구들
　　　　나무
　　　　금속
　　　　유리
　　　　도자기
　　　　섬유

　차의 언어로 만든 자리

잎 | 가장 먼저,

　　잎을 들여다볼게요.

차의 이름과 찻잎의 마른 상태만으로도 이미 차는 우리에게 많은 정보를 줍니다. 늘 드리는 이야기지만, 차를 외워서 드시지 마시라 합니다. 대신 차를 잘 관찰하라고 말씀드리면서, 찻잎을 잘 관찰하는 법을 알려드리고 있어요. 찻잎은 이미 존재 자체로 이렇게나 많은 이야기를 들려주고 있는데도 단순히 산지별, 제다별 구분 암기에 마음을 쓰며 '몇 도의 물로 몇 분 우려내고 세차는 몇 번 해야지', 이런 식으로 외우면서 차를 시작하는 건 너무 힘들고 무엇보다도 재미가 없답니다.

이 차는 왜 이렇게 우려내는 걸까, 왜 그렇게 하는 걸까, 생각해 보는 습관이 중요합니다. 찻잎의 마른 상태를 잘 관찰하시면 여러 가지가 보일 거예요. 잎이 작고 여린지, 크고 어두운 색인지, 단단하게 말려 있는지, 거의 말려 있지 않은 상태인지, 맛에 집중할 건지 향에 집중할 건지. 사실 이렇게 생각하는 동안 이미 내 앞의 차를 어떻게 우릴지 마음을 정할 수 있습니다. 처음에는 다소 익숙하지 않을 수도 있어요. 하지만 이것 역시 나의 언어로 차를 받아들이는 재미있는 과정이에요. 이렇게 나의 방식으로 우려낸 차가 내 입에 딱 맞을 때 느끼는 흐뭇함은 무엇과도 바꾸기 어려운 기쁨이랍니다.

같은 종류의 차도 산지와 제다에 따라 여러 등급으로 나누어집니다. 물론 높은 등급의 차가 더 비싸고 더 맛있겠지요. 하지만 그걸 잘 우려 장점을 잘 살려내는 것은 바로 나 자신입니다. 낮은 등급의 차라 할지라도 장점이 잘 살아나게 우려내는 것도 바로 나 자신이라는 점을, 저는 차를 통해 배웠습니다. 세상에는 여러 종류의 차, 여러 등급의 차가 있습니다. 이런 수많은 차를 늘 습관처럼 한 가지의 방식으로 우려내며 맛없다고 차만 애꿎게 탓하는 것은 아닌지 생각해 봅니다. 차를 먼저 관찰하고 이해하고 나면 더욱 잘 우릴 수 있어요. 사람도 그러하고 사실 살면서 부딪히게 되는 많은 일 역시 그러하답니다.

잎

잎을 이야기하면서 물을 함께 이야기할 거예요. 계절이나 그날그날의 날씨에 따라 달라지기도 하지만, 일반적으로 향을 살리려면 낮은 온도에서 조심스럽게, 맛을 강하게 내려면 조금은 과감하게 높은 온도에서 우리는 시간을 길게 하면 돼요. 낮은 온도란 얼마나 낮은 온도인지, 높다면 얼마나 높아야 하는지는 각각의 차를 이야기하면서 조금 더 이야기해 드릴게요.

사진의 잎을 자세히 들여다보겠습니다. 가만히 보니 어린 싹으로만 만들었네요. 여린 녹색을 띠고 있는 걸로 보아 산화나 발효가 별로 되지 않은 차인 것 같아요. 이런 찻잎이라면 물 온도를 조금 낮추어 우려도 좋을 것 같고, 잎이 조금 단단해 보인다면 뜨거운 물을 넣어 봐도 좋다고 생각할 수 있겠어요. 물론 두 경우 물 온도가 서로 다르니 두 가지의 물을 거친 차에서는 다른 맛과 향이 나올 거예요. 유념揉捻[찻잎을 비비는 과정]을 한 듯 안 한 듯, 약하게 한 것으로 보이죠. 물을 부어도 차의 떫고 쓴 맛이 바로 우러날 것 같진 않습니다.

잎

이 차의 이름은 서호용정입니다. 녹차예요. 솥에서 살청이라고 부르는 덖는 과정과 동시에 유념, 건조까지 이루어집니다. 유념이라고는 하지만, 사실 솥 안에서 살짝 눌러주고 문지르는 동작 정도라고 보시면 돼요. 보통 권장하는 우림법은 2~3g 정도의 차를 넣고 60~70도의 낮은 온도 물로 1~2분에 걸쳐 서서히 우려내는 것이에요. 그러면 부드러운 단맛을 즐기며 드실 수 있습니다. 그런데 앞서 말한 권장량의 두세 배인 6~7g을 넣고 끓는 물을 부어 짧게 우려내면 재미있는 맛을 느낄 수 있어요. 약간의 쓴맛과 함께, 용정차의 큰 특징 중 하나라고 알려진 닭고기 육수—중국어로는 '지탕 鷄湯'이라고 해요—향을 느낄 수 있습니다. 저는 한 봉지를 구입하면 한 번은 뜨거운 물로 짧게, 또 한 번은 약간 식은 물로 길게 우리며 두 가지 맛과 향을 즐깁니다.

저는 찻집을 하기 전 아주 오랜 시간 동안 녹차는 저의 체질과는 맞지 않는 차라고 생각했어요. 하지만 찻집을 하고 있으니 좋아하는 차만 마실 수는 없었고, 손님께 소개하기 위해 다양한 차를 구입하여 시음해야 했어요. 그때까지만 해도 차는 체질과 취향에 따라 마셔야 한다고 생각했습니다.

하지만 찻집 산수화를 하며 보낸 9년 동안 느낀 건, 찻집을 하기 전의 나는 오히려 체질과 취향이라는 기준에 갇혀 차를 정말 맛있게 마시지는 못하고 있다는 사실이었어요. 다양하게 차를 마셔야 해서 어쩔 수 없이 골고루 차를 마실 수밖에 없었는데, 놀랍게도 어느 순간 즐거운 느낌이 찾아왔어요. 제가 차를 마시는 것이 아니라, 차가 제게 다가오는 느낌. 그 가운데 가장 놀라운 반전은 녹차였습니다. 일반적인 통념과는 달리, 몸에 무리를 주지도 않았고 위에 크게 부담이 되지도 않았습니다. 그리고 무엇보다도 정말 맛있었어요. 그때 깨달았어요. 이전에는 녹차를 제대로 마주하지도, 제대로 관찰하지도, 제대로 우려내지도 못했음을 말이에요. 편견을 버리니 잘 우려낸 녹차는 이제 아주 즐겨 마시는 차가 되었습니다.

제가 녹차를 즐기는 방법은 다양합니다. 흔히 녹차는 60~70도의 낮은 온도에 우려내야 한다고 하지만, 저는 그렇게 마시기도 하고 뜨거운 물에 바로 우려내어 쌉싸름한 맛이 함께 우러는 차를 즐기기도 합니다. 쓰고 떫지 않으면 차茶가 아니라는 말이 있습니다. 적절히 우러난 쓴맛은 차의 단맛과 함께 균형 잡힌 풍성한 맛을 내기도 하고 차의 단맛을 더 잘 느낄 수 있게 하니 너무 두려워하지 않으시면 좋겠습니다.

그런가 하면 도예가 홍우경 작가께 배운 냉침포차법으로 마시기도 하는데요. 이렇게 우려낸 녹차도 정말 맛있답니다. 간단히 알려드릴게요. 차와 물의 부피를 동량으로 맞춘 후 상온의 물을 넣고 30분 정도 가만히 둡니다. 그렇게 우려진 진한 차를 방울, 방울 마시기도 하고, 따뜻한 물이나 찬물에 농축된 차를 몇 방울 떨어뜨려 마시기도 합니다. 한 방울에서 퍼지는 진한 향이 정말 좋아요. 꼭 시도해 보셔요.

잎   지금 함께 보고 있는 찻잎은 방금 보고 온 찻잎과는 또 다르게 생겼습니다. 튼실한 싹으로만 이루어진 찻잎은 하얀색의 솜털로 가득 덮여 있습니다. 보통 찻잎을 만드는 과정에서 산화나 발효가 일어나게 되면 찻잎은 녹색에서 붉은색을 띠게 되는데요. 이 차는 여전히 녹색이고, 찻잎을 둘러싼 하얀 솜털 역시 흰색인 것으로 보아 산화의 정도는 낮다고 짐작할 수 있겠어요.

○ ○ ○ ○ ○ ○ ○ ○

낮은 온도로 우려볼까? 유념—이전 페이지에서 말씀드렸지요, 찻잎을 비비는 과정입니다—의 흔적이 보이지 않고 통통한 싹의 모양을 그대로 유지하고 있으니 우러나는 데는 시간이 좀 걸릴 것 같습니다.

|잎|

이 차는 찻잎의 외형 뿐 아니라 이름에도 많은 정보를 가지고 있어요. 백호은침 白毫銀針이라는 이름을 가지고 있습니다. '하얀색 솜털 白毫이 가득한 은빛 바늘 銀針'이라는 뜻이죠. 뾰족하고 가느다란 싹의 외형으로 이름에 '바늘 침 針' 자가 붙게 되었습니다. 외부 환경에서 싹을 보호하기 위해 하얀색 솜털이 감싸고 있는데, 산화도가 낮은 차의 솜털은 색이 붉게 변하지 않아 밝은 빛을 띠게 되어 하얀 은빛처럼 보입니다. 차의 성격과 외형을 이렇게나 정확하게 이야기해 주는 찻잎이라니요. 과연 이름처럼 찻잎도 섬세하고 아름답습니다.

백호은침은 어떻게 마시면 좋을까요? 저는 60~70도 온도의 물에 2분 정도로 길게 우리는 걸 좋아합니다. 짙은 농도감과 함께 마시고 난 후 목 안쪽 깊은 곳에서 길게 길게 이어지는 은목서 꽃향기의 여운이 너무 좋아요. 어릴 때 맛보던 샐비어꽃 꿀맛 같기도 하고 시원하고 달달한 샘물 같기도 합니다. 가끔은 뜨거운 물로 바로 우리기도 합니다. 이때는 시간을 좀 더 짧게 우리는데요. 기분 좋은 쌉쌀한 맛 뒤에 맑고 은은한 단 향이 입 안에 그윽하게 퍼집니다.

찻잎 이름으로 정보를 짐작하는 이야기를 조금 더 해 볼까요? 중국차의 이름에 '싹 아芽', '바늘 침針', '눈썹 미眉', '뾰족할 첨尖' 글자가 있다면 대부분은 싹으로만 이루어져 있거나, 적어도 싹을 포함하고 있는 차라고 짐작하셔도 무방해요. 백호은침, 몽정황아, 군산은침 그리고 금준미는 싹으로만 만든 차예요. 하지만 이 페이지에서 설명해 드리는 백호은침과는 달리, '눈썹 미眉', '바늘 침針' 같은 글자가 들어가 있는데도 하얀색의 솜털이나 녹색의 잎이 아닌 경우도 있어요.

홍차 중에서는 금준미金駿眉, 보이숙차 중에서는 금침백련金針白蓮이라는 차가 바로 그러합니다. 금준미는 싹만 모아 만든 홍차고, 금침백련은 동그란 형태의 보이차병 표면에 싹을 가득 담은 보이숙차입니다. 찻잎의 색깔은 녹색이 아닌 붉고 짙은 갈색, 싹을 둘러싼 솜털은 하얀[은]색이 아닌 금색에 가까운 색. 그렇다면 이제 우린 짐작할 수 있죠. 산화나 발효가 많이 일어난 상태라는 것을요.

산화나 발효가 많이 일어난 찻잎은 녹색에서 붉고 짙은 갈색으로, 하얀 솜털은 은색에서 금색으로 변하게 됩니다. 그리고 쓰고 떫은 맛이 줄어들어요. 이런 차는 물 온도를 좀 더 높여도 좋습니다. 금침백련은 더군다나 보이숙차고, 뒤에서 설명하겠지만 단단하게 뭉쳐 있는 덩어리 차입니다. 그리고 싹으로만 만든 차가 아니라 여러 등급의 찻잎과 함께 싹을 포함하고 있는 미생물 발효차라서 뜨거운 물로 우리는 것이 좋습니다. 뜨거운 물로 우릴 때 매끄러운 차탕과 단맛, 그 속에서 느껴지는 가벼운 '호毫' 향기를 느낄 수 있어요.

금준미는 조금 더 세심하게 관찰하셔야 해요. 홍차 중 가장 비싼 홍차이며 한 근[500g]은 6~7만 개의 싹으로만 이루어져 있습니다. 산화가 많이 일어난 홍차지만, 아주 여린 싹으로만 만들었기 때문에 너무 뜨겁지 않은 85~90도 정도의 물로 우리는 것이 좋습니다. 부드러운 풍미 속에 숨어 있는 달큰한 단맛, 고상한 여운을 느끼실 수 있어요.

잎	이번 잎을 함께 보겠습니다. 어린 싹과 그 싹을 감싸고 있는 큰 잎이 보입니다. 그냥 보아도 정성스럽게 채엽했고 잎이 다치지 않도록 조심스럽게 다루며 차를 만들었을 것 같습니다. 찻잎의 형태가 꼬임이 없고 온전한 것을 보니 유념이라는 찻잎 비비기 과정은 거치지 않은 것 같아요. 싹의 색상이 은색인 것으로 보아 산화나 발효는 매우 약한 차 같습니다. 커다란 잎은 먹녹색을 띤 것을 보아 녹차류는 아닌 것 같아요. 녹차라면 살청이라는 과정으로 인해 우리기 전의 건엽이 전체적으로 청록색이나 암녹색인 경우가 많으니까요.

| 잎 |

이 차는 대만의 핑린 |坪林|에서 만든 백모단 백차입니다. 은백색의 솜털로 덮여 있는 싹을 검고 푸른 잎이 감싸고 있습니다. 백차는 '시들리기'라는 건조 과정으로 만드는데요. 시들릴 위 |萎|, 마를 조 |燥|라는 글자를 조합한 위조 |萎燥|라는 과정이 바로 그것입니다. 막 채엽한 찻잎은 부서지기 쉬운 상태인데요. 마치 마른 고추 널듯 살짝 널어 놓으면 찻잎 속 수분이 조금씩 서서히 빠지면서 잎은 덜 부서지게 돼요. 이 과정 중에 찻잎 속에서는 화학적 변화도 조금씩 일어나며 풀향만 나던 찻잎에서 약간씩 꽃향이 나기 시작한답니다. 위조만 거친 찻잎은 살청이나 유념 과정이 없어 자연스러운 잎의 형태를 그대로 가지고 있어요.

이 차는 우려낸 후의 찻잎이 마치 막 피어나는 백색의 모란꽃과 같다고 하여 백모단(백모란)이란 이름을 가지고 있습니다. 뜨거운 온도로 우려도, 약간 식은 물로 우려도 좋고, 깜빡하고 우리는 시간을 놓쳐 조금 긴 시간을 우려도 크게 쓰거나 떫지 않습니다. 너무 빨리 우려 약간 싱거운 느낌의 차탕에서도 은은한 꽃향기가 기분 좋게 퍼집니다. 그래서 초심자도 우리기에 크게 부담이 없고, 백차는 남녀노소 대부분 좋아하여 선물용으로 자주 권해 드리고 있어요.

앞서 소개한 두 가지 찻잎을 따뜻하게 우리는 방법으로 소개했으니, 이번 차는 시원하게 마시는 방법으로 알려 드릴게요. 차를 시원하게 마시고 싶을 땐 두 가지 방법이 있습니다. 첫 번째는 뜨거운 물에 조금 진하게 우린 후 얼음을 넣어 마시는 방법, 그리고 두 번째는 냉침법인데요. 처음부터 상온의 물[뜨겁지 않은 물]에 차를 넣고 오래 두어 천천히 우러나오도록 하는 방법입니다. 커피의 콜드브루와 닮은 점이 있죠. 차가 1g일 때 상온의 물은 100ml, 시간은 1시간 정도가 냉침용 차의 일반적인 비율이에요. 경험상 차가 넉넉한 경우 더욱 맛있게 우러나는 것 같아 저는 보통 1L의 물에 차를 10g 넣고 냉장고에 10시간 정도 둡니다. 차에서 단맛을 담당하는 테아닌은 저온에서 장시간 우려낼수록 더 많이 우러나오니, 여름이면 늘 두 번째 방법을 사용한 냉침차를 준비해 둡니다.

그런데 1L의 물에 차 10g 정도면 모두 맛있는 냉침차가 될까요? 저의 경험을 한 가지 들려드릴게요. 바로 지금 소개하는 백모단을 처음으로 냉침했을 때의 경험입니다. 늘 하듯 1L의 물에 10g을 넣고 10시간을 두었는데, 어쩐지 싱겁다는 느낌이 있었어요. 이상하다 하면서 다시 만들어 봤는데도 여전히 부족한 부분이 있었어요. 무슨 이유였을까, 곰곰이 생각하다 답을 찾을 수 있었답니다. 바로 유념이라는 찻잎 비비기 과정과 관계 있었죠.

유념은 차를 만드는 데 있어 재미있는 과정이에요. 적절히 찻잎을 비벼서 찻잎에 손상을 주는 과정이라고 생각하시면 되는데요. 이 과정을 거치면 후에 물을 부었을 때 차가 잘 우러날 수 있게 된답니다. 매끈한 상태의 잎보다 상처를 낸 잎이 물이나 공기를 만났을 때 찻잎 속 성분이 잘 우러날 수 있는 적합한 상태가 되거든요. 비비기 과정인 유념을 거치지 않은 차는, 차가운 물에서 상대적으로 더욱 천천히 우러납니다.

백모단은 옆의 사진에서도 짐작하시겠지만, 유념이라는 비비기 과정을 거치지 않은 잎 모양 그대로를 가진 차였어요. 이런 차는 유념한 차보다 당연히 우려내는 시간을 조금 더 주어야 합니다. 찻잎을 관찰하고 제다 과정을 이해한다면 왜 그런지 알 수 있는 좋은 경험이었어요. 이후 저는 백모단을 냉침할 때는 15시간 정도 넉넉히 두어 차가 완전히 깨어나도록 기다립니다. 백모단뿐 아니라 유념이 되지 않은 차를 냉침하실 때는 같은 원리를 적용해 보셔도 좋겠습니다. 우리는 시간을 좀 더 단축하고 싶으시다면 먼저 뜨거운 물을 찻잎을 가볍게 적실 정도만 넣어 살짝 뜸을 들인 후, 상온의 물을 가득 부으세요.

맛있게 우러난 후에는 찻잎은 분리하고, 차탕만 냉장고에 두고 마시면 됩니다. 분리한 찻잎을 한 번 더 재탕하는 것은 처음과 같은 맛과 향을 기대할 수 없어 권하지는 않아요. "하지만 맛있는 찻잎을 버리는 게 아까워요!" 하시는 분들껜 차라리 따뜻한 물에 한두 번 정도 더 우려 드시라고 권해 드립니다.

| 잎 | 이번 잎은 앞서 보던 것과는 확실히 다르게 생겼습니다. 어쩌면 차를 이야기할 때 가장 많이 보실 형태의 찻잎일 듯 해요. 오룡차를 소개합니다. 오룡차의 찻잎 모양은 크게 구슬 같은 형태의 주株형, 길쭉하고 나선형으로 꼬아진 형태의 조條형으로 구분됩니다. |

찻잎 형태 이야기가 나왔으니, 이름으로 형태를 이야기하는 방식을 간단히 알려 드릴게요. 찻잎의 형태만으로는 크게 찻잎이 하나하나 따로 떨어져 있는 산차散茶, 덩어리로 만들어진 긴압차緊壓茶로 구분할 수 있습니다. 산차 안에서는 생긴 모양에 따라 조형, 주형, 침형, 편형, 편평형, 권곡형, 과립형 등으로 다시 구분되는데요, 사진과 같이 구슬처럼 동그랗게 말려진 주형은 포장할 때 부피가 줄어들고 파손이 적다는 장점이 있어요. 동글동글 꽁꽁 말린 모양에서 우리는 이제 짐작할 수 있습니다. 다른 형태의 차보다 유념이라는 비비기 과정을 더 강하게, 더 많이 한 차입니다.

잎

사진의 차는 대만, 핑린 坪林에서 만든 밀향오룽차입니다. 동그랗게 말려진 잎을 자세히 들여다봅니다. 꽁꽁 말려 있어 물에 닿아 서서히 풀어지려면 앞서 보았던 찻잎이나 길쭉한 형태의 조형 찻잎보다는 좀 더 시간이 걸릴 것 같아요. 실제로 다른 차를 우리듯 이 차를 우리면 첫 탕이 조금 연한 느낌이 있습니다. 찻잎이 아직 깨어나지 않아서랍니다. 이렇게 동그랗게 말린 주형의 찻잎을 우릴 때면, 찻잎을 깨우는 과정이 필요해요.

○ ○ ○ ○ ○

찻잎을 어떻게 깨울까요? 방법은 간단하답니다. 평소보다 우리는 시간을 좀 더 주거나, 첫 탕은 가볍게 버리는 윤차 潤茶 과정을 거치는 것도 좋습니다. 세차 洗茶 라고도 하는데, 잘 건조된 찻잎을 깨우는 과정이에요. 물을 부은 후 시간을 따로 두지 않고 바로 따라내어 버립니다. 바싹 말라 있는 찻잎이 일단 물을 머금으면, 다음번 물이 들어왔을 때 물을 더 잘 흡수할 수 있게 돼요. 이 과정은 필요에 따라 생략할 수도, 여러 번 할 수도 있습니다. 연한 농도의 차가 좋고 우리는 횟수를 늘려 더 여러 번 마시고 싶을 때는 윤차 과정 없이 우립니다. 조금 연한 농도의 첫 탕의 차가 싫다면, 한두 번 정도 빠르게 윤차를 하고 그 다음 우린 차를 마십니다.

앞서 설명해 드린 백차에서도 냉침 이야기를 했는데요, 꽁꽁 말려 있는 차는 냉침을 어떻게 하면 좋을까요? 늘 하듯 냉장고에 10시간을 두었다가 꺼내어 마셔 보면 왠지 다른 차보다 농도가 연하고 어딘가 충분하지 않게 느껴집니다. "응? 백차는 유념이 안 되어 있어 기다려 줘야 한다고 했으면서 이 차는 유념이 되어 있는데도 기다려 줘야 한다고요?" 이런 의문이 생길 수 있어요. 유념이 강하게 된 차가 잘 우러나는 것은 맞지만, 이 차는 동그랗게 말려 있다는 점에 주목해야 해요. 이렇게 꽁꽁 말려 있는 주형의 찻잎은, 유념을 거쳤어도 찻잎이 풀리면서 깨어날 시간을 주어야 합니다. 뜨거운 물에서도 찻잎이 깨어나는 시간을 주었듯, 찬물에서도 맛이 우러날 수 있도록 기다려 주는 것이 필요해요. 산수화의 밀향오룡 냉침은 거의 두 배에 가까운 시간을 들입니다. 시간을 주고 기다려 주세요. 좀 더 기다린다면 찻잎이 스르륵 풀리면서 새콤달콤한 여운까지 놀라운 진한 냉침차를 얻으실 수 있습니다.

가끔 이럴 때가 있어요. 시간은 없지만 맛나게 진한 차 한 잔 마시고는 싶을 때. 이럴 때 저는 그냥 윤차를 세 번 해 버리기도 합니다. 저의 작은 차호에 5g 정도의 차를 넣고 보통 같으면 대여섯 컵 이상 혹은 더 많이 우려 마실 수 있는 차를 윤차만 세 번 하고 네 번째에 물을 가득 머금게 해서 차심 속에서부터 우러나는 풍성한 차 한 잔을 마십니다.

귀한 차를 그렇게 한두 번 우리고 버리게 되면 아깝지 않냐고 하실 수도 있지만, 아끼다가 해를 넘겨 풍미를 잃은 차에 속상한 경험이 모두 있으실 거예요. 아끼다 남는 것보다는 어떤 방법으로든 맛있을 때 맛나게 마시는 것이 좋습니다. 아끼는 물건 역시 마찬가지입니다. 고이고이 모셔 두기보다는 가까이 두고 함께 낡도록 쓰는 것이 좋아요. 자주 사용하고 마시고 가까이 두며 몸으로 느끼는 것이 대상이 가진 아름다움을 온전히 받아들이는 가장 좋은 방법입니다.

잎

바로 앞에서 소개한 밀향오룡과 같이 이 차 역시 동글동글 말려 있는
구슬 형태의 주형차입니다. 다만 밀향오룡과는 색이 다소 다른데요. 앞선
밀향오룡이 좀 더 붉은 느낌이라면 이 차는 연둣빛과 푸른빛을 많이 띠고
있어요.

이 차는 복춘상 馥春霜 이라는 이름을 가진 오룡차입니다. 향기로울 복 馥,
봄 춘 春, 서리 상 霜 이라는 이름에서 몇 가지를 추측해 볼 수 있겠어요.
봄에 딴 잎이라는 것. 서리 상 霜 이라는 글자가 들어가 있는 것을 보니
해발고도가 높은 곳에서 채엽한 잎일 수 있겠습니다. 추측이 맞았습니다.
대만 난토우 南投 지역의 대설산 白姑大山東南峰 해발 2000m 고도의 야생
다원에서 만들어진 고산오룡차입니다. 푸른색을 많이 띠고 있는 이 차의
산화도는 비교적 낮은 편입니다. 살짝 콩 비린내가 나고 이슬 같은 느낌의
은은한, 한 모금 넘긴 후 목에서부터 퍼지는 시원한 단 향이 좋은 차입니다.
잔 바닥에는 달콤한 향이 남아 있습니다. 저는 이렇게 맑은 청향형의
오룡차를 우릴 때면 자기로 된 재질의 다구를 사용합니다. 단단한 흙으로
고온에 소성한 매끈한 자기는 차를 우릴 때 차탕이 차호에 스며들지
않습니다.

잎

앞서 서호용정이라는 차를 설명해 드리면서 산화도가 낮으니 물 온도를
조금 낮춰 보셔도 좋겠다고 했습니다. 쓰고 떫은 맛을 내는 성분의
침출량을 좀 줄이기 위해서인데요. 차의 쓴맛을 내는 성분인 폴리페놀류는
산화도가 높아질수록 테아플라빈, 테아루비긴의 성분으로 변화하며
줄어들게 됩니다. 그래서 산화도가 높은 차는 많이 쓰거나 떫지 않아요.
우릴 때 물의 온도를 좀 더 높여도 좋습니다.

이 차는 산화도가 비교적 낮은 편이지만 저는 이 차를 고온에 우리는
것을 좋아합니다. 앞서 산화도가 낮으면 물 온도를 조금 낮춰도 좋겠다고
했지요. 이렇게 푸른 빛을 띠는데, 왜 고온에 우리는 걸 좋아할까요?
답은 이 차가 '고산오룡차' 라는 점에서 찾을 수 있습니다.

대만에서는 해발고도 1,000m 이상 높은 산에서 생산되는 차를
고산차 高山茶 라고 합니다. 해발고도가 높아질수록 기온은 떨어지고
일교차는 커집니다. 시시각각 형성되는 운무는 그늘을 만들어 일조량과
광합성량을 적절히 조절해 주기에 단맛을 내는 성분이 풍부해집니다.
해발 1,000m 이상의 저온에서는 곤충으로부터 자신을 보호하기 위해
차나무 스스로 만들어내는 쓴맛도 적어지게 됩니다. 그리고 오룡차는
녹차에 비해 어린잎보다는 성숙하고 자란 잎을 채엽하여 만들어요.
이러한 재배 환경과 제다 과정의 결과로 고산오룡차는 찻잎이 가지고
있는 쓰고 떫은 맛이 별로 없고 신선한 맛과 부드러운 여운의 단맛, 그리고
풋사과처럼 청량한 향과 난향이 그윽한 차가 됩니다.

쓰고 떫은 맛이 적은 고산오룡차를 자기르 만들어진 다구에 넣고 고온에 우립니다. 100ml 정도 용량의 다관이라던 저는 6, 7g 정도를 넣습니다. 물 온도가 높을수록 우리는 시간은 짧게 해주는데, 꽁꽁 말려 있는 고산오룡차가 잘 풀어지도록 짧게 윤차를 한번 해도 좋을 것 같아요. 세 번째, 네 번째로 갈수록 우리는 시간을 조금씩 늘립니다.

녹색의 찻잎에서 붉게 변한 부분이 클수록 산화도가 높다고 보는데요. 우러난 차탕의 색 역시 녹차는 연두빛 황록색을 띠고 오룡차, 홍차로 갈수록 붉어집니다. 산화도가 낮을수록 풀 향이 나지만, 산화가 진행될수록 맑은 꽃향기에서 농밀한 꽃향기, 잘 익은 과일의 단향, 그리고 이내 향신료 향까지 나게 됩니다. 충분히 물을 먹고 펼쳐진 엽저에서도 산화가 어느 정도 일어났는지 알 수 있는데, 다음 페이지에서 보여 드릴 엽저를 보면 푸른 잎의 가장자리부터 중앙까지 붉은색의 흔적을 따라 어느 정도 산화된 차인지 짐작해 보실 수 있답니다.

잎

우리기 전의 찻잎도 많은 이야기를 들려주지만, 다 우린 후 차호에 남은 잎들 역시 많은 이야기를 담고 있습니다. 여러 번 우려낸 찻잎은 물을 듬뿍 먹은 상태로 차호의 바닥에 남게 됩니다. 그래서 잎 엽|葉|, 바닥 저|底|를 써서 엽저|葉底|라고 부릅니다. 집게나 차시로 엽저를 꺼내어 봅니다. 이때 찻잎은 충분히 여러 번 우려내어 유념으로 꼬여진 잎의 외형이 온전히 펴진 상태면 좋습니다. 더 자세히 관찰하고 싶을 땐 하얀색 그릇 위, 혹은 하얀색 그릇에 찬물을 가득 넣고 엽저를 넣어 관찰해요.

녹차에 비해 산화가 조금씩 일어난 차는 우려낸 후 엽저에서 그 흔적을 찾을 수 있습니다. 찻잎의 가운데 부분은 녹색이지만 가장자리 부분은 붉게 변하는데, 흔히 녹엽홍양변|綠葉紅鑲邊|이라고 합니다(정말 직관적인 표현입니다!). 산화의 흔적이 클수록 찻잎의 붉은 부분은 좀 더 많아지는데요. 그래서 백호오룡[동방미인]이나 홍차의 경우 엽저는 거의 붉은색을 띠고 있습니다.

잎

만약 엽저에서 줄기 부분이 보인다면, 또 다른 이야기를 찾을 수 있어요. 기계로 딴 찻잎은 보통 기계로 찻잎의 줄기를 골라내는 과정이 있기 때문에 줄기가 거의 없는 편입니다. 또한 줄기 위 잎과 잎 사이의 거리가 멀다면 생장 속도가 빨랐다는 의미로 짐작할 수 있습니다. 비가 많이 오는 우기의 여름 찻잎일 수도 있고 일 년 내내 덥고 습한 지역의 잎일 수도 있겠어요. 반면 줄기 위 잎과 잎 사이 간격이 짧다면 어떨까요, 생장 속도가 느리다는 걸 짐작할 수 있겠지요? 생장 속도가 느린 차라면 어떤 특성이 있을지 함께 짐작해 볼까요? 추운 날씨였을 테니 아마도 봄이나 가을, 초겨울의 잎이었을 수도, 싹과 첫 잎의 크기 차이가 많이 난다면 해발고도가 높은 고산차의 잎이었다고 짐작해 볼 수 있죠. 해발고도가 100m씩 높아질 때마다 기온은 0.6도씩 내려가고 일교차는 커지니까, 커진 일교차가 만들어내는 적당한 운무로 인해 찻잎에는 쓰고 떫은 맛이 많이 줄어들었을 거예요. 이른 봄, 가을의 차는 향이 좋고, 추울 때 채엽된 잎이라면 곤충의 피해도 적었을 거예요.

보이차의 경우, 다 우러난 엽저를 통해 연대를 추측해보기도 한답니다. 오래전 대익논차대회에서의 경험이 생각납니다. 당시 한국에서 처음으로 참가 자격을 획득했던 해에 제가 교육한 분들이 1, 2등으로 참가하게 되는 기쁜 일이 있었습니다. 중국 대회를 볼 수 있었던 귀한 기회이기도 했는데요. 대회의 과제가 까다로웠답니다. 보이생차 열 가지, 보이숙차 열 가지 중 임의 선택된 차를 블라인드 시음 후 차의 이름과 연도를 맞춰야 하는 것이었는데요. 2014년의 7542라는 이름의 차, 2013년의 7542, 그리고 2011년의 8582라는 차가 동시에 출제되었어요. 년도 차이가 크게 벌어지지 않는 비슷비슷한 시기의 차들. 게다가 출제된 차 전부가 병배 숫자차(두 종류 이상의 품질이 다른 찻잎을 섞어 만든 차)여서 어려웠는데요. 이렇듯 3~6년 정도 크지 않은 연수 차이를 가진 엽저를 판별하면서는 엽맥과 줄기의 색을 보는 것이 큰 도움이 되었습니다. 15년, 20여 년의 차이를 가진 차라면 찻잎의 색도 달라지기 때문에 상대적으로 구분이 쉬워요. 하지만 연수가 크게 차이 나지 않는 보이생차의 경우, 잎의 색보다는 줄기 부분의 색이 좀 더 빨리 갈색빛으로 변화한다는 점에 착안, 그 줄기의 색을 보고 차를 구별했던 경험이 있습니다.

보이숙차를 우려 드실 때 혹시 기분 좋지 않은 신맛이 났다면, 다 우린 후의 엽저를 관찰하세요. 아마도 미생물 발효 중 뒤집어 주는 과정을 잘하지 못해 남은 거칠고 꺼끌꺼끌한 질감의 탄화된 찻잎이 있을 확률이 높습니다. 마찬가지로 보이노차의 경우, 보관할 때 너무 고온다습한 환경에 보관되었다면 역시 엽저가 딱딱하고 거칠 확률이 높고요. 이렇듯 엽저 역시 마른 찻잎만큼 생각 이상으로 많은 이야기를 들려줍니다. 차를 구입하실 때 차에 대한 설명을 충분히 듣고, 그 차를 우리며 엽저가 들려주는 이야기를 관찰해보는 것도 상당히 재미있답니다.

잎 | 재미있는 모양의 잎이 나왔네요. 앞서 본 찻잎과는 다르게 생겼어요. 잎 모양이 살아 있지만 동글동글 말려 있지 않고, 잎이 굉장히 크고 튼실하고 묵직해 보이고 검은색에 가까워요. 앞서 우리는 동그랗게 말린 주형의 오룡차를 보았는데요, 이 차는 나선형으로 꼬아진 형태인 조|條|형에 속하는 차입니다. 잎이 너무 여렸다면 뜨거운 물 온도에 찻잎이 익어버리지 않을까, 쓴맛이 한꺼번에 우러나지 않을까 여러 걱정이 들 법도 한데요. 일단 이렇게 색이 짙고 크기가 큰 잎을 보면 왠지 물의 온도는 뜨거워도 될 것 같고, 뜨겁게 우려내도 괜찮을 거 같아요.

이 차의 이름은 무이암차 중 '백서향'이라는 품종의 차입니다. 중국 복건성 무이산에서 나는 오룡차예요. 무이산은 거의 돌산이라 해도 될 정도로 암벽이 가득합니다. 그 암벽 사이사이에 틈만 보이면 작은 밭을 만들어 차를 키웁니다. 경이로운 일이지요. 암벽을 타고 흘러내리는 물을 받고 자라는 차는 독특한 맛을 가지게 되는데요. 이를 무이암차라고 합니다. 무이암차라는 큰 분류 안에 다시 대홍포, 백세향[백서향과 비슷한 이름이지만, 다른 차입니다], 노군미, 수금귀, 철나한, 반천요, 백계관 등 수많은 명차의 이름이 존재합니다.

잎

무이암차 제다에서 가장 특이한 과정은 바로 탄배|炭焙|입니다. 연기가 생기지 않는 백탄 숯을 깔고 그 위에 재를 덮고 배롱이라는 대나무 통 안에 차를 넣고 건조하는 방법입니다. 건조기를 사용하는 다른 차에 비해, 탄배를 거치는 차는 고기를 구울 때 생기는 갈색 크러스트나 식빵의 갈색 껍질과 같은 마이야르(maillard) 반응이 일어나게 됩니다. 그 결과 색은 더 검어지고 맛은 더 구수하고 달콤해지며, 독특한 무게감을 가지게 돼요. 전통 방식의 무이암차는 이런 탄배 과정을 네 번이나 반복하는데요. 5~6월에 채엽한 그해의 신차는 네 번의 탄배 과정을 거쳐 11월이나 12월이 되어서야 완성됩니다.

예전에는 차의 산지에서 소비자에게 도달하는 시간이 오래 걸렸고 포장 방법에도 한계가 있었던 탓에, 탄배를 약하게 한 차는 풍미가 떨어질 것까지 감안하여 일부러 강하게 탄배해서 품질을 고정해 주어야 했어요. 탄배를 강하게 한 암차는 출하된 후 바로 드시기보다는 최소한 3개월 후에 드시는 편이 좋아요. 갓 탄배를 마친 차는 그 차가 가지고 있는 맛과 향이 드러나지 않아서 기다려 주어야 합니다. 1년이 지나고 더 맛있어지는 암차도 많습니다. 요즘은 포장 기술이나 운송 방법도 좋아져 소비자가 바로 마실 수 있도록 탄배 과정을 조금 약하게 하여 일찍 출하하기도 합니다.

무이암차를 맛있게 우리는 방법은 의외로 단순해요. 무조건 뜨거운 물로 우리는 것입니다. 낮은 온도로 우려 보면 구수한 맛은 나지만 암차에서 기대하는 강한 향과 달콤한 여운이 잘 느껴지지 않습니다. 무이암차의 가장 큰 매력은 맛도 맛이지만 바로 그윽한 향이라고 생각해요. 똑같은 조건에서 우려도 해가 짱짱한 날에는 화사한 향을 좀 더 많이, 비가 쏟아지는 날, 그리고 차가운 바람이 불기 시작하면 묵직하게 아래에서 퍼져 나가는 무게감 있는 달콤한 향을 좀 더 느낄 수 있습니다.

그래서 저는 무이암차를 우릴 땐 반드시 문향배 聞香杯 를 사용합니다. 문향배란 향을 맡기에 특화된 잔이에요. 다도와 향도에서의 향은 '맡는다'는 표현보다 '듣는다'라는 표현을 써요, 그래서 '들을 문 聞'이지요. 좁고 높은 형태의 잔 모양을 하고 있습니다. 작은 잔과 세트로 되어 있는 것도 있지만, 크기가 클수록 향을 더 오래, 더 진하게 간직하므로 저는 큰 문향배를 좋아합니다. 차호에서 잘 우러난 차탕을 예열된 문향배에 잠시 담았다가 공도배로 옮기고, 빈 문향배에서 향을 맡는 순간은 차를 마시는 분이라면 눈에 그리듯 떠올릴 수 있으실 거예요.

'문향배를 써야 한다'는 공식 같은 게 있는 건 아니에요. 하지만 문향배를 쓰고 싶은 마음 자체가 강하게 일어나요. 무이암차에서 제가 좋아하는 향이 얼마나 많이 나는지 알기 때문이지요. 무이암차를 한 번이라도 마셔보셨다면, 그윽한 암향을 한 번이라드 느껴봤다면 이 마음을 좀 더 잘 이해하실 거예요. 무이암차와 마주하는 순간은 그래서 살짝 두근거려요. 그 향을 더욱 선명하게, 더욱 잘 즐기기 쉬해서 문향배를 꼭 사용합니다.

잎

이번 잎도 재미있게 생겼어요. 살짝 좁고 긴 외형을 가지고 있고, 비비기 과정인 유념이 어느 정도 잘 되어 잘 말려 있는 것처럼 보입니다.
무이암차의 검은색에 가까운 갈색보다는 좀 더 붉고 밝은 빛이 도는 검은색입니다. 이제 우리는 잎의 색을 보고 물의 온도를 조금은 짐작해 볼 수 있게 되었어요. 이 찻잎은 어떤 온도가 좋을까요? 잎의 크기가 어느 정도 크고 단단해 보이고 색이 짙어서 뜨거운 물로 우려도 좋을 것 같아요.

이 차는 봉황단총입니다. 광동성과 복건성의 경계 가까이 있는 봉황산 구역에서 생산되는 오룡차에요. 우려진 찻잎이 다른 찻잎에 비해 얇고 끝이 뾰족해서 새의 부리 같다고 하여 조취차라는 이름을 가졌다가, 새 중에서 가장 귀한 새인 봉황의 이름을 붙여 봉황단총이라 불리게 되었습니다. 봉황단총은 독특한 화|花|향이 있어 그 향에 따라 황지향, 계화향, 지란향, 말리향, 욱계향, 야래향 등의 이름을 그대로 차의 이름으로 사용합니다. 지역에 따라 오동단총, 영두단총으로 부르기도 합니다.
이 차는 오동단총의 밀란향이라는 차입니다. 풍성한 꿀향, 꽃향 그리고 과일의 단향이 나며, 약간의 쓴맛은 마시고 난 뒤 입 안에 향기로운 침이 고이게 합니다.

잎

90도 정도의 온도로 우리면 꽃향기와 함께, 복숭아 같은 과일의 단 향이 잘 올라옵니다. 100도로 진하게 우릴 경우 약간의 쓴맛이 나지만, 그 쓴맛 뒤로 기분 좋은 새콤한 맛이 올라와 그것 역시 좋습니다.

강하게 조화된 맛을 원한다면 끓는 물을 바로 넣겠지만, 봉황단총처럼 향이 정말 근사하게 펼쳐지는 차는 그 향을 좀 더 잘 느끼고 싶을 때가 많아요. 그래서 물 온도를 아주 살짝 낮추어 보기도 합니다. 그렇다고 너무 많이 온도를 낮추어 버리면 단총의 향은 제대로 펼쳐지지 않겠지요. 제가 좋아하는 단총의 향은 코로 맡는 향이라기보다는 마시고 난 후 입 안 깊숙한, 목에서부터 퍼져 오는 여운에서 느끼는 향입니다. 이런 향을 느끼기 위한 물의 온도는 얼마로 하면 좋을까요? 저는 물을 끓인 후 빈 공도배에 부어 그 물로 바로 차호에 넣어 우리는 정도의 온도, 라고 말씀드리고 실제 이 온도를 좋아해요. 대략 90~95도 정도의 온도입니다.

찻물의 온도는 맛 뿐만이 아니라 차의 성분을 우려내는 것과도 깊은 관계가 있어요. 쓰고 떫은 맛은 폴리페놀[카테킨]이나 알칼로이드[카페인] 성분에서 나오는데요. 이건 낮은 온도에서는 많이 우러나오지 않다가 높은 온도에서 우러나요. 한편 낮은 온도와 높은 온도 모두 잘 우러나는 성분이 있는데, 바로 아미노산[데아닌] 성분이에요. 복잡한 이야기 같지만, 이 이야기가 의미하는 바는 재미있답니다. 높은 온도에서 우린다는 것은 거의 모든 성분이 잘 우러난 맛과 향을 마신다는 의미이기도 하고, 80도라든지 40도라든지 낮은 온도에서 우린다는 것은 그 온도에서 적절히 우러나온 성분들의 조화된 맛과 향을 마신다는 의미가 있어요.

실제로 40도 온도에서 우려내는 차가 있어요. 일본 녹차 중 교쿠로 玉露 라는 차는 40도에서 우려내어 아미노산의 우마미를 극대화한답니다. 우마미 うま味 라고 하면 흔히 '감칠맛' 정도로 번역하는데, 원래 이 개념을 발견한 일본의 이케다 기쿠나에 池田菊苗 교수는 다시마 같은 해조류가 가진 살짝 느끼한 듯 감미로운 맛을 우마미라고 정의했다고 해요. 찻잎을 따기 전 일정 시간 차밭 전체에 그늘막을 쳐서 햇빛을 가려 준 후 증기로 쪄서 만드는 녹차가 있어요. 차광재배 녹차라고 하는데, 이 녹차는 느끼한 듯 감미로운 우마미가 극대화됩니다. 이와는 달리 솥으로 덖어 만드는 녹차에서는 고소한 맛이 좀 더 발현되지요.

40도면 미지근하지도 않은 거의 상온에 가까운 물인데요. 거의 5분간 우려내면 찻잎이 물을 가득 흡수하여 우러나는 차의 용량은 아주 적습니다. 정말 이슬처럼 방울방울 떨어지는, 소량의 엑기스 같은 차는 그렇게 오랜 시간 우려내도 쓴 맛이 거의 나지 않습니다.

잎 | 잎의 색이 아주 검은 것으로 보아 산화가 많이 된 차일 것 같고 정갈하고 윤기가 있는 찻잎은 정성스럽게 제다가 된 것 같아요. 좁고 길어 보이는 찻잎은 단단히 꼬여 있고 구불거리는 모양으로 유념이 잘 되어 있어 물을 부었을 때 잘 우러날 것 같습니다. 잎은 좀 가늘고, 잎의 크기는 어린 녹차보다는 크고 무이암차보다는 매우 작습니다. 저는 뜨거운 물로 먼저 우려볼 거 같아요. 뜨거운 물을 부으니 이내 투명한 금빛의 광채가 도는 붉은 차탕으로 우러납니다.

기문홍차는 중국 안휘성 기문(祁門) 현에서 생산됩니다. 단맛이 없고 우디향, 장미향이 가볍게 스치는 중후한 느낌의 홍차입니다. 한 모금 마시고 나면 입 안에 은은한 카카오 향이 퍼집니다. 버터와 딸기잼을 가득 올린 따끈따끈한 스콘과 함께 마신다면, 달콤한 밀푀유와 함께 마실 거라면 저는 단맛이 거의 없는 기문홍차를 먼저 떠올립니다. 달콤한 푸드와 함께 할 때 차는 너무 달지 않은 것이 좋습니다. 기품 있는 기문홍차는 곁들이는 푸드 없이 그 자체로, 따뜻하게도 시원하게도 너무 좋지만 말이지요.

1875년 시작되었다고 하는 기문홍차는 처음부터 고급 홍차로 만들었습니다. 1839년 인도에서 만들어진 아삼홍차 열 두 박스가 런던에 처음으로 등장한 이후, 1870년대 찻잎을 절단하여 만드는 대량생산 홍차가 나오며 아삼의 시대가 열리게 됩니다. 1888년에는 영국으로 수입되는 인도 홍차의 양이 중국 홍차를 넘어서게 됩니다. 이런 배경 속에서 기문홍차는 대중적인 아삼홍차와는 경쟁하지 않는, 처음부터 고급 홍차를 만들기 위해 연구하고 노력하여 만들어진 결과입니다.

잎

홍차의 제다 과정을 간단히 보면 채엽(찻잎 따기) – 위조(시들리기)
– 유념(찻잎 비비기) – 산화 – 건조의 과정을 거칩니다. 정산소종,
기문홍차, 운남홍차, 아삼홍차 등등 각각의 홍차는 모두 이 과정을 거쳐
만들어졌지만, 우려낸 결과가 보여주는 퍼포먼스는 굉장히 다릅니다.
어떻게 이렇게 달라질까요? 일단 품종도 다를 수 있고 찻잎이 자라는
자연조건이 다를 수도 있습니다. 그리고 금준미처럼 어린잎 위주로 채엽을
한 것과 성숙하게 자란 잎으로 만든 차가 또 다르겠지요. 위조할 때의 조건,
바람과 습도는 어땠는지, 일조량은 어떠했는지에 따라서도 달라지며,
유념을 얼마나 강하게 했는가 또는 잎을 절단했는가 하지 않았는가에
따라서도 달라집니다. 산화할 때 찻잎을 펼쳐 놓는 환경에 따라서도
달라집니다.

제게 뚜껑이 있는 향로가 있습니다. 향로에 재를 깔고 그 위로 2cm 정도로
짧게 자른 선향[線香], 긴 작대기 모양의 향]을 피워 놓습니다. 그리고 작은
구멍들이 뚫린 뚜껑을 덮어 두면, 뚜껑의 구멍들을 통해 공기[산소] 유입이
조절되어 향을 좀 더 아끼며 천천히 은은하게 태울 수 있습니다. 갑자기
향로 이야기가 왜 나올까 궁금하시죠? 바로 기문홍차 산화 조절법과 닮아
있어서죠. 대나무 바구니로 덮어 산소의 유입을 조절하여 산화의 정도를
조절합니다. 긴 시간 조금씩 섬세하게 산화 과정이 일어납니다.

전통 홍차의 경우, 찻잎을 얇게 펼쳐 3시간에서 8시간까지 산화 시간을 잡기도 합니다. 만약 유념을 매우 강하게 하거나, 찻잎을 절단했을 경우 산화하는 시간은 좀 더 짧아집니다. CTC(Crushing or Cutting, Tearing, Curling)라고 하죠. 찻잎을 잘게 부수어 가루로 만든 후 다시 과립 형태로 뭉쳐 만든 제다법으로 전 세계 유통되는 홍차의 70%를 차지하는데요. 이 CTC의 경우 30분~1시간 정도면 충분히 산화가 일어나지만, 거칠고 강한 맛 때문에 입 안에 남는 섬세한 여운을 느끼기는 어렵습니다.

찻잎의 모양을 살피는 것은 다양한 나라에서 생산되는 홍차를 대할 때도 마찬가지랍니다. 온전한 잎(whole leaf) 상태냐, 얼마나 잘게 잘렸느냐가 산화의 강도와 우러나는 속도감까지 좌우하기 때문입니다. 잘게 잘린 찻잎이라면 물을 부었을 때 그만큼 더 빨리 우러나며, 떫은맛도 더 빠르게 우러나게 됩니다. 그렇기 때문에 유럽 브랜드의 포장에 쓰여 있는 Whole leaf라는 표현과 중국의 Whole leaf 기준은 다르다는 점도 알려 드리고 싶어요. 유럽 브랜드의 경우 한두 번의 커팅이 있다 해도 Whole leaf로 분류합니다. 포장에 적힌 글씨에 의존하지 않고도 실제로 찻잎을 들여다보고 얼마나 뜨거운 물로, 어느 정도의 시간을 두고 우릴지 다시 한번 생각해볼 수 있어요. 모두 찻잎이 들려주는 이야기입니다.

잎

이번 찻잎을 보겠습니다. 찻잎이 단단하게 한 덩어리로 뭉쳐 있습니다. 일단 우려 마시려면 어떤 조각으로 떼어내야 마실 수 있을 것 같아요. 한 잎 한 잎 분리하기는 쉽지 않을 것 같고, 차호에 넣고 물을 부어도 쉽게 풀어지지 않아 잘 우러나지 않을 것 같아요.

6155라는 이름을 가진, 백차당|白茶堂|에서 만든 보이생차입니다. 백차당은 운남, 곤명에 있는 보이차 회사로 94년도에 설립되었습니다. 백차당은 생차도 맛있지만, 단맛이 특별한 숙차가 정말 맛있어요. 사진의 차는 2010년에 만들어진 보이차, 그 가운데서도 보이생차입니다. 지금은 부드러운 맛과 더불어 마시고 난 뒤 회감(입 안에 남는 단맛의 여운, 혀 안쪽에서 느껴지는 달달한 꿀 향의 침)이 너무 좋은 차가 되었습니다. 보이차는 연수와 상관없이 뜨거운 물로 우리는 걸 좋아합니다. 대엽종의 쓰고 떫은 맛, 감칠맛까지 골고루 우려내어 입 안을 훑고 난 뒤 혀 양쪽에서 올라오는 단침이 좋아요. 차산지인 마을에 따라, 재배 환경에 따라, 보관된 햇수에 따라 다양한 맛과 향을 즐길 수 있고 미생물 발효를 시킨 보이숙차는 너무나 달고 편안한 맛이어서 또 좋아합니다.

잎

이제 차를 먹고 싶은 용량으로 뜯어 볼게요. 앞서 완성된 차의 잎이 하나하나 떨어지는 형태의 차를 산차散茶, 덩어리로 눌러진 형태의 차를 긴압차緊壓茶라고 한다고 말씀드렸지요. 단단한 덩어리 상태의 긴압차는 차칼을 이용해 뜯습니다. 이걸 해괴解塊라고 해요. 차호의 용량을 감안하여 마실 만큼의 분량을 차칼로 떼어내어 우립니다. 뭉쳐진 상태의 차는 물을 부어도 바로 쉬이 우러나지 않기에 한 번의 윤차 과정을 거칩니다. 서로 뭉쳐 있는 형태가 강력해 보인다면 윤차 과정은 두 번 할 수도 있어요. 보이숙차의 경우, 미생물 발효 과정에서 찻잎이 서로 더 단단하게 뭉쳐 보통 윤차를 두 번 하게 됩니다.

제가 사용하는 100~150ml 용량의 호에는 주로 5~6g을 우릴 때가 많습니다. 처음에는 저울을 사용하시는 것을 추천해 드려요. 차칼로 뜯다 보면 6g이 한 덩어리로 뜯어질 수도 있고, 두세 조각으로 떨어질 수도 있습니다. 6g 통째로 차호에 넣게 되면 차가 풀어질 때까지, 아마도 거의 세네 번째까지 꽤 시간을 두고 우려내야 할 거예요. 이때 윤차를 두 번 하는 것도 방법이지만, 가장 좋은 건 비슷한 크기로 두세 조각을 얻어 6g을 만들면 좀 더 편하고 빨리 우려 드실 수 있으실 거예요. 제가 생각하기에 가장 별로인 건 큰 조각 하나와 가루들을 함께 넣는 것입니다. 큰 조각에서 제대로 된 맛이 나기도 전에 가루에서 먼저 떫고 텁텁한 맛이 우러나니까요.

제가 어떤 보이차도 뜨거운 물로 우리는 것을 좋아한다고 말씀드렸는데요. 만든 지 오래되지 않은 보이생차는 쓰고 떫은 맛이 더 있는 편입니다. 사실 쓰고 떫은 맛을 내는 성분들이 보이차를 십 년, 이십 년, 삼십 년이 지나도 마실 수 있는 맛있는 차로 만들어주는 힘이기도 합니다. 이 쓰고 떫은 맛은 몸에 이로운 항산화 성분이지만, 과하게 우러날 경우 마시기가 조금 힘들 수 있어요. 그렇다고 차를 너무 조금 넣거나 뜨겁지 않은 물로 우려서 나는 밍밍한 맛은 저는 더 견디기 어렵습니다. 그래서 차는 조금 넉넉히 넣고 뜨거운 물로 우립니다. 대신 너무 쓰고 떫은 맛이 나오지 않도록 빠르게요. 10초 만에 우릴 때도 있습니다. 여러 번 우리며 풍성한 향을 느끼고, 점차 달달해지는 맛에 침이 고이는 그 느낌이 좋습니다.

보이차를 해괴하면서 나오는 작은 가루들을 따로 모아 두었다가 빈 티백에 조금씩 나누어 담아 유용하게 사용합니다. 이렇게 보이차 티백으로 만들어 두면 머그잔에 간편히 우려 마실 수도 있고, 고기 먹으러 외식 갈 때 들고 가서 따뜻한 물을 청해 마시면 깔끔하게 소화되는 느낌이 참 좋아요(사실 술 마시는 모임에 가서도 이렇게 간편하게 만들어 둔 보이차 티백을 중간중간 마셔 주는 것도 다음 날 컨디션에 아주 도움이 된답니다). 가루까지 알뜰하게 활용해 보세요.

잎

보이차처럼 이 차도 긴압차입니다. 그런데 조금 다르게 생겼습니다. 덩어리가 굉장히 두껍기도 하고 크기도 합니다. 잎은 낙엽처럼 거칠고, 잘려 있으며 줄기와 가지도 많이 보입니다. 더 무섭고 특이한 건 노란 알갱이들이 뿌려져 있습니다. 이제껏 보았던 차와는 확연히 달라 보입니다. 섬세한 과정으로 잎 하나하나를 돌보며 제다한 느낌은 아닙니다. 저는 이 거친 차를 무조건 뜨거운 물로 우려볼 생각입니다. 덩어리가 단단할수록 한두 번의 윤차 과정을 거쳐서요.

이 차는 호남성 안화에서 만든 복전차입니다. 이 차는 제게는 조금 특별한데요. 제가 백사계라는 차창[차를 만드는 회사]에 몇 가지 특별한 주문을 넣어 제작했습니다. 2014년 주문 당시 '옛날 방식 그대로, 기계가 아닌 사람의 손으로 수공 작업을 통해, 원료는 좀 더 고급으로'라는 요청을 넣었고, 만족스러운 결과물을 얻었습니다. 이 복전차를 포함한 거의 모든 흑차는 저는 최대한 뜨거운 물로 우려내시길 추천해 드립니다. 혹은 연수가 좀 오래된 차라면 차와 물을 함께 끓여도 좋을 것 같습니다.

잎   나무를 통째로 갈아 넣었다고 하기엔 너무 과한 표현 같지만, 이 차는 "1아 1엽"이라든가 '3~4엽'이라든가 하는 채엽 기준 아래 잎을 따지는 않았습니다. 중국의 남쪽에서 만들고, 당시 중국이 아니었던 먼 티베트나 서쪽, 북쪽 유목민을 상대로 수출했던 차였습니다. 중국인이 여러 종류의 다도구를 사용하며 '차 문화'를 만들어 갈 때, 이 차를 소비하는 변방의 다양한 지역민은 불필요한 것을 최소화하는 '차 생활'을 하고 있었습니다. 해발고도가 높은 곳의 유목민은 육류 위주의 식생활을 하며 많은 곳을 이동하며 생활합니다. 이들에게 차는 비타민과 여러 부족한 영양소를 채워주고 소화를 도와주는, 없어서는 안 될 중요한 것이었습니다. 해발고도에 따라 80도에도, 90도에도 물이 끓습니다. 여러 성분을 풍부하게 함유한 어린잎이 아닌, 낙엽 같은 거친 잎으로 만들어진 차에서 좋은 성분을 섭취하기 위해서는 처음부터 찻잎을 넣고 끓이는 쪽이 더 현명한 방법이었을 테지요. 이동이 많기 때문에 깨지기 쉬운 다관과 공도배, 근사한 도자기 잔을 챙길 여유는 없습니다. 춥고 일교차가 큰 곳에서 좀 더 높은 열량과 에너지를 얻기 위해 야크의 젖으로 만든 버터나 소금, 설탕 등을 넣기도 하고 진하게 우려진 다량의 차를 마시기 때문에 위장을 보호하려 깨나 땅콩 등 곡물 가루를 섞어 마시기도 합니다. 환경에 따라 차를 생활에 녹여내는 방식은 이렇게나 달라집니다.

현대의 우리는 다관에 찻잎을 넣고 물을 넣어 우려 마시는 방법으로
차를 마십니다. 어린잎과 달리 끈적한 팩틴질[차즙]이 부족한 거친
찻잎은 긴압을 하기 위해 굉장한 압력을 주며 물리적으로 다져 붙이는
과정에서 부서지게 되고, 차는 해괴[긴압차를 마실 분량만큼 뜯어내는
것]할 때 또 손상을 입습니다. 이렇게 절단된 찻잎은 물을 부었을 때
더욱 빨리 우러나게 되므로 우리는 시간은 짧게 주어야 합니다. 오래된
흑차라면 예전 변방 지역민의 방법대로 끓여 마셔도 좋겠습니다. 하지만
갓 만들어진 흑차를 끓여 마시는 것은 추천해 드리지 않습니다. 과거의
흑차 유통 방식에서는 생산지로부터 시작되는 긴 운송 과정 중에 어느
정도 산화와 발효가 될 기간이 본의 아니게 주어졌습니다. 당시의 포장
기술 역시 열악했을 테고요. 그렇게 소비자에게 도착하는 차는 이미 갓
생산되었을 때보다 쓰고 떫은 맛이 많이 부드러워집니다. 그래서 그 차를
바로 끓여 내고 다른 재료와도 섞어 마실 수 있었어요. 하지만 지금은
갓 만들어진 햇차를 바로 마실 수 있는 운송 방법과 포장 기술의 발전이
있습니다. 그러하기에, 갓 만들어진 흑차를 끓여 쓰고 떫은 맛이 너무
진하게 우러난 차를 마시는 것은 추천해 드리지 않습니다.

차 표면에는 노란 알갱이들이 보이는데요. 금색의 꽃,
금화 金花 라고 부릅니다. 사실 이 노란색 알갱이들은 꽃이 아니라
관돌산낭균[Eurotium Cristatum]이 남기고 간 흔적입니다. 무서운 노란
알갱이 이야기를 좀 해볼까요? 몸에 이로우며 소화와 대사, 순환 기능에도
좋다고 알려져 있습니다. 예전에는 호남에서 1차 제다까지 마친 차를
멀리 섬서성의 경양으로 옮겨 경양에서 네모난 벽돌 모양의 전차 磚茶 로
만드는 과정에서 금화가 생겼습니다. 우리가 콩으로 만든 된장을 좋아하듯
이 차를 소비하던 곳의 사람들은 금화가 생긴 차를 좋아했습니다. 하지만
1차 제다가 끝나는 호남에서는 이 금화가 생기지 않아, 늘 너무나 먼
거리인 경양에서 마지막 과정을 거쳐 금화가 생긴 차를 수출했다고 해요.
1949년 신중국이 들어선 후에는 효율적인 생산성이 강조됩니다. 그 결과
여러 연구 끝에 드디어 호남에서도 1953년 금화가 핀 복전차를 만드는 데
성공했습니다. 이후 대부분의 복전차는 호남에서 생산하고 있습니다.

잎

질문들

티 클래스를 진행하면서 학생들에게 가장 많이 들었던 질문들을 모아보았습니다.

차는 몇 그램을 넣어야 할지 몰라서 항상 어려워요.

몇 그램이라는 대답을 기대하기 전에, 중요한 점이 있어요. 가장 먼저 차호의 크기를 보아야 한다는 점이에요. 차호의 크기에 따라 물의 양이 정해지니까요. 하지만 차호의 크기 역시 다양하니 기본적인 룰을 먼저 알려드릴게요. 찻잎 1g당 진하게는 물 30~50ml, 연하게는 물 80ml의 비율입니다.

그렇지만 실제로 이렇게 공식처럼 적용하여 마시게 되지는 않습니다. 차를 우리는 데에는 찻잎의 양과 물의 비율뿐 아니라, 찻잎이 가지고 있는 수많은 변수, 이를테면 물의 온도, 다구의 종류, 몇 번을 우려 마실 것인가, 향이 좀 더 드러나도록 우릴 것인가 맛이 풍성하도록 우릴 것인가 등 수많은 변수가 있으니까요.

다관의 크기에 따라 조금씩 다르겠지만, 보통 100ml 용량의 차호일 경우 저는 연하게 마실 때는 3g 정도를, 진하게 마실 때 8g 정도까지 넣습니다. 쓰고 떫은 맛이 강한 차는 좀 더 적게, 부드러운 맛의 차는 조금 많게 찻잎을 넣어요. 무이암차의 경우에는 무조건 많이 넣습니다.

그럼 매번 저울에 그램 수를 재어야 할까요?

다양한 용량의 다관을 사용하고 있는 제가 쓰는 편리한 방법이 있는데요, 일단 찻잎의 외형을 살펴봅니다. 백모단 백차처럼 찻잎이 매우 큰 차는 우려낼 차호나 개완에 찻잎을 가득 넣습니다. 그리고 무이암차나 봉황단총 같은 적당한 크기의 찻잎은 1/2 정도 차게 넣고, 좀 진하게 마시고 싶은 경우에는 2/3를 채웁니다. 백호오룡처럼 잎이 작은 찻잎은 1/2만 채우고 동그랗게 말린 주형의 오룡차는 차호와 개완의 바닥에 살짝 깔리게 넣습니다. 찻잎의 크기에 따라 차호 안에서 층층이 쌓이며 공기층을 만들어 부피가 생기게 됩니다. 물을 넣고 우려 보면 같은 차호 안에 들어가는 찻잎이 거의 비슷한 양으로 들어가더라구요.

찻잎이 잘려 있다면, 그 절단 면으로 차는 더 빨리

우러납니다. 그리고 잘게 잘린 만큼 찻잎은 더 촘촘하게 쌓입니다. 그럴 땐 차호에 넣는 찻잎의 그램 수를 조금 줄여보시면 쓰고 떫은 맛이 훨씬 덜 나오게 될 거예요.

그렇다면 차호는 용량이 어느 정도인 것으로 사야 할까요?

개인의 취향에 따라 조금 연하게, 조금 진하게 마실 수는 있지만, '연하게, 진하게'라는 기준을 알려면 그 차의 '적정한 맛'을 알아야 한다고 생각합니다. 차를 만드는 사람들이 의도한 맛과 향을 아는 것이 중요해요. 그 차를 만든 곳에서 우린 차의 맛을 경험하는 것이 가장 좋겠지만, 차의 생산지는 대개 멀리 있습니다. 찻집에서 내어주는 차의 맛을 다양하게 경험해보시는 것도 추천합니다.

각 종류의 차에 따라 차호에 넣는 찻잎의 양은 조금씩 다르겠지만, 가장 많이 사용할 수 있는 용량으로 저는 90~110ml 정도 추천해 드립니다. 개인적인 선호지만, 다양한 종류와 크기의 찻잎을 우리기 좋다고 느낍니다.

하지만 용량보다 더 중요한 것은 바로 '내게 가장 마음에 드는 것'이라고 생각합니다. 마음에 들수록 더 자주 보고 싶고 만지고 싶고 사용하고 싶어질 테니까요. 만약 내가 가진 차호가 혼자 마시기에 크기가 좀 크다 싶으면 차호 안에 물을 가득 채우지 않고 우리는 것도 방법입니다. 자유롭게 생각해 주세요.

차호에 담은 차는 몇 번까지 우려내서 마실 수 있나요?

'3g의 차, 250ml의 물, 100도의 물로 5분', 조금씩 차이는 있을 수 있지만 유명 서양 브랜드에서 나오는 가향차, 블렌디드티에는 확실한 가이드라인이 있습니다. 하지만 산수화에서 판매하는 차 대부분은 그런 가이드라인을 드리고 있지 않아요. 한 번 우림을 권장하고 있는 대부분의 가향차는 어떻게 보면 찻잎에 우러난 차를 마신다는 느낌보다 조향사가 잘 만들어준 향을 마신다는 느낌입니다. 잘 설계된 향을 가이드라인에 맞춰 잘 우려내어 그 향을 즐깁니다. 그러하기에 그 향은 첫 탕, 그 단 한 번에 가장 완벽하다고 할 수 있어요.

질문들

    반면 우리가 이 책을 통해 이야기하고 있는 비가향차 대부분은 여러 번 우려 마시는 차입니다. 여러 번 우리며 그 찻잎이 가지고 있는 미묘한 맛과 여러 향을 느낄 수 있습니다. 어떤 향은 첫 탕에서만 나오기도 하고 어떤 맛은 여러 번 우리고 난 뒤에 남기도 합니다. 가장 즐거운 향과 맛은 마시고 난 뒤에야 서서히 느껴집니다. 이런 차는 차 외에 추가되는 재료가 없고 찻잎 자체의 성분과 제다 공정을 거쳐 완성됩니다. 각각의 특색을 가지고 있는 차는 그 특색을 위해 어떤 것은 싹만 따기도, 커다란 잎을 줄기에 달린 채로 따기도 합니다. 또 제다 과정에 따라 완성된 잎의 외형과 크기는 많은 차이가 생겨요.

    차나무는 자라는 환경에 따라 잎의 크기가 작은 소엽종, 좀 더 큰 중엽종, 그리고 잎 하나가 손바닥만큼 자라는 대엽종으로 나눌 수 있습니다. 소엽종보다는 대엽종으로 좀 더 많은 양의 차를 우릴 수 있습니다. 그리고 제다 방법에 따라서 차의 캐릭터도 달라집니다. 주로 녹차류는 두세 번, 오룡차는 네 번에서 여섯 번, 보이차는 열 번 이상을 우려 마실 수 있지만, 직접 차를 마시다 보면 꼭 그렇지도 않다고 느낍니다. 어떤 차는 더 여러 번 우려도 좋을 수도 있고 어떤 차는 몇 번 우리지 않았는데 급격히 차의 농도가 떨어지기도 하거든요. 같은 이름의 차여도 산지와 제다 등에 따라 등급이 달라집니다.

    우러나는 차탕의 색을 보고 알 수는 없습니다. 색이 계속 우러난다고 해서 잘 조화된 맛과 향이 우러나는 것이라고 볼 수는 없어요. 저는 차탕 안으로 '물맛'이 들어왔다고 느껴지면 그만 우려 드시라고 합니다. 맛이 연해졌다기보다 맹맹한 물맛이 섞여 들어왔다고 느껴질 때가 있어요. 그때가 그만 우려도 되는 타이밍입니다. 가끔 좋은 차가 아깝다고 너무 많이 우려 드시는 분들이 계세요. 정말 아까운 건, 맹탕으로 계속 우러나오는 좋은 차가 아니라 가장 맛있을 시기에 다 마시지 못하고 때를 넘겨 버리는 좋은 차랍니다. 차 좋아하시는 분들이라면 공감하실 이야기일 거에요.

    차를 마실 때 차의 양은 넉넉해야 한다고 생각합니다. 특히 등급이 높은 차라면 더더욱 차의 양이 충분해야 제대로 된 맛과 향을 즐길 수 있다고 생각해요. 그런데 가끔은 차의 향과 맛이 나는 '물'을 마시고 싶을 때가 있습니다. 차 맛이 나는 물을 마시고 싶을 때나 그냥 물은 먹기 싫을 때, 저는 도자기 머그잔에 따뜻한 물을 가득 붓고 찻잎을 두세 알만 떨어뜨려 마십니다. 이때 저는 차를 마신다고 생각하지 않고 물을 마신다고 생각합니다.

제다 과정 용어가 전부 어려워요. 살청[殺靑]이나 주청[做靑] 같은 용어가 어렵게만 느껴져요.

어렵긴 하지만, 개념이 어렵다기보다 낯설어서 어렵게 느끼실 수 있어요. 하지만 한 번 알아 두면 차를 자유롭게 마시는 데 분명히 도움이 되니 살청이 무엇인지, 주청이 무엇인지 두어 가지 개념만 말씀드릴게요.

기본적인 차를 만드는 과정은 채엽[採葉, 찻잎따기] - 위조[萎燥, 살짝 걸어두어 시들리기] - 살청[殺靑, 증기로 찌거나 솥에 덖는 등 열을 가하기] - 유념[柔捻, 찻잎 비비기] - 건조[乾燥]로 이루어집니다. 이 과정이 조금씩 달라지거나 다른 과정이 추가되거나 하면서 녹차, 백차, 홍차 등으로 차의 큰 분류가 나누어집니다.

녹차 제다 과정 중 '살청[殺靑]'의 경우, 한자 풀이 그대로 '푸른 기운을 죽인다'라는 말은 어쩐지 무서웠어요. 굳이 죽일 '살[殺]'이라는 글자를 쓰는 개념이 낯설게 느껴졌습니다. 그리고 살청으로 푸른 기운을 죽였다고 했는데 녹차는 완성 후에도, 엽저가 푸른 색인 것이 잘 이해되지 않았어요. 나름 궁리하면서 살청의 '청[靑]'을 푸른색이나 기운이 아닌, '산화효소의 활성화'라는 개념으로 이해하고 나서 제다 과정을 더욱 쉽게 이해할 수 있었어요.

찻잎 안에는 폴리페놀 산화효소(Polyphenol oxidase)가 들어 있고, 차나무에서 떨어져 나온 찻잎의 산화효소가 공기 중의 산소와 만나면 산화가 일어납니다. 제다 과정에 의해 찻잎의 엽록소 반응, 산화가 일어나는 정도에 따라 찻잎 표면의 색이 붉어지고 푸릇푸릇한 풀 향에서 점차 난꽃의 향기, 농밀한 꿀 향 등이 다양하게 나타납니다.

산화효소는 단백질이고, 단백질은 열에 약합니다.

질문들

녹차는 찻잎에 열을 가해-증기에 찌든, 솥에 덖든, 기계에 넣든 원리는 고온의 '열을 가한다'입니다-산화효소가 비활성화되게 하는 과정을 거쳐 시간이 지나도 여전히 녹색을 띠도록, 산화가 일어나지 않도록 만듭니다. 산화효소의 활성화를 끊는 이 과정의 이름이 바로 살청殺靑입니다. 채엽 후 빨리 살청 과정을 거친 녹차는 찻잎 표면의 색이 여전히 녹색을 띱니다.

    홍차를 '완전산화차'라고 이야기하는 것은 100% 산화를 시켰다는 의미가 아니라 산화의 정도를 끊어 주는 이 살청 과정이 아예 없기 때문입니다. 실제로 '다즐링 퍼스트 플러쉬' 홍차의 산화 정도는 40% 전후로 알려져 있습니다. 많이 산화되지 않는 차지만 제다 과정 중 살청 단계가 없기 때문에 완전산화차인 '홍차'의 카테고리에 들어가는 거지요.

    주청做靑이라는 공정의 뜻도 생각해 볼까요. 청차의 제다 과정 중 볼 수 있는 용어입니다. 채엽 후 위조[시들리기]까지 마친 찻잎을 흔들어 주고 식혀주는 것을 반복하는 과정인데요, 그 과정 동안 마찰에 의한 열도 발생하고, 찻잎 가장자리는 조금씩 손상도 입고, 찻잎의 수분이 줄어들면서 다양한 화학적인 변화와 함께 산화가 조금씩 일어나게 됩니다.

    이 주청 과정을 통해 산화효소의 활성화 정도를 조절하여 다양한 맛과 향을 가진 여러 가지 차를 만들 수 있습니다. 녹차에서의 살청이 산화효소의 비활성화를 의미한다면, 청차에서의 살청은 바로 이 주청을 통해 원하는 만큼의 산화도를 조정하는 것이라고 볼 수 있겠어요. 청차에는 오룡차, 철관음차 그리고 포종차 등 다양한 차가 있습니다.

차의 소비기한은 어떻게 될까요?

가끔 5~9g의 단위로 소포장이 되어있는 차를 만나게 되실 거예요. 복건성에서 만든 안계철관음이라는 차가 있는데 7~8g 정도로 소포장이 되어있는 경우가 많아요. 심지어 이중포장으로 되어있습니다. 이 차는 냉장고에 보관하는 것을 권장하는데, 냉장 보관한 차를 드실 때는 냉장고에서 꺼낸 후 실온이 된 다음 개봉하는 것이 좋습니다. 차가운 상태로 열게 되면 차가운 찻잎이 공기 중의 수분으로 인해 습도가 올라가게 되고 산패되기 쉽습니다. 만약 이 차가 200g, 500g 큰 포장으로 되어 있다면, 냉장고에서 꺼내고 다시 넣기를 반복해야 합니다. 소포장 되어 있는 차는 하나를 미리 꺼내어 두고 개봉하여 마시면 편리합니다. 그래서 안계철관음의 경우 이중의 소포장인 경우가 많습니다.

왜 어떤 차는 8g으로 포장되어 있고 어떤 차는 3kg으로 포장될까요? 어떤 차들은 357g, 950g, 3kg 심지어 36.25kg 단위로 뭉쳐 있습니다. 이런 차를 처음 접하시는 분들은 미리부터 겁을 먹습니다. 이 많은 차를 어떻게 다 마시냐며 조금 잘라서 판매는 하지 않는지 물어보곤 하십니다. 이렇게 큰 단위로 포장된 차는 일 년 안에, 혹은 이 년, 삼 년 안에 다 마셔야 하는 차가 아닙니다. 소비기한, 음용 기한이 꽤 길기 때문에 이렇게 큰 단위로 포장되어 있는 것이죠. 보이차와 흑차, 그리고 백차는 10년, 20년이 지나고 30년이 지나도 드실 수 있습니다. 심지어 더 맛있어지기도 하고 더 귀해지기도 하고 더 비싸지기도 합니다.

차는 진짜 오래될수록 좋고 비싼가요?

차가 오래될수록 좋아진다는 말보다 오래되어도 마실 수 있다고 이야기하는 것이 더 좋을 것 같습니다.

녹차처럼 산화나 발효가 최대한 일어나지 않게 만든 차는 시간이 오래 지나면 풍미가 떨어질 가능성이 높아요. 구입 후 아끼지 말고 열심히 부지런히 드시는 것이 가장 맛나게 즐기는 방법입니다. 그래서 녹차는 주로 20~40g 정도의 소포장으로 나누어 포장하는 경우가 많지요. 개봉하면 빨리 드시라는 의미가 담겨 있기도 합니다. 보관하며 차 봉지를 잘 닫아 공기와의 접촉을 최소한으로 줄이라는 의미이기도 하고요.

백차는 중국에서는 오래되면 오래될수록 약이라고 합니다. 실제로 복정의 백호은침과 백모단을 매년 구입하며 18년 넘게 직접 보관하며 마시고 있는데 처음의 꽃향기는 점차 사라지지만, 은은한 약재향이 생기며 좀 더 편안한 맛으로 변모해갔습니다. 백모단의 경우 잎이 잘 부서지고 부피가 커 장기 보관은 쉽지 않습니다. 그래서 최근에는 보이차처럼 동그란 병차餅로 긴압하여 장기 보관에 편리하도록 만들기도 합니다.

　　　　홍차와 오룡차는 드시면서 관찰해보시면 좋을 것 같습니다. 어떤 경우에는 생산된 그해가 가장 맛있었고 어떤 경우에는 시간이 지나며 더 조화롭고 부드러운 맛을 즐길 수 있었습니다. 다만 꽃향기와 과일의 단 향-화과향이라고 합니다-등 여러가지 밝은 향은 시간이 지나면 조금씩 사라집니다. 오룡차 중에서 우러난 차탕의 색이 녹차에 좀 더 가까운 차라면 빨리 드시는 것을 추천합니다.

　　　　보이차는 그해에 나온 차도, 10여 년이 지난 차도, 오래된 노차도, 미생물발효를 시킨 숙차도 각각의 매력을 가집니다. 보관이 크게 까다롭지 않은데, 사람이 살기 좋은 환경이면 괜찮다고 생각합니다. 같은 회사에서 만든 같은 제품이라도 광동에서 보관하거나 북경, 서울, 대만, 뉴욕 등에서 10여 년 보관된 차는 전혀 다른 맛과 향을 가지게 됩니다. 갓 만들어진 보이생차의 쓰고 떫은 맛과 시원한 나뭇단, 수박껍질의 향, 스모키한 연미 향 등은 시간이 지나며 점차 사라지고, 은은하고 달달한 과일 향, 쌓아둔 목재의 향, 밀도감 있는 차탕으로 바뀌다가 약향이 나기도 하며 차탕의 색은 점차 오렌지빛으로 변하다가 붉어지고 갈색으로 변해갑니다. 잘 발효된 보이숙차의 젖은 낙엽 향, 대추 향, 홍시의 달달한 맛은 시간이 지날수록 좀 더 매끄럽고 깔끔해집니다.

　　　　차에는 법으로 규정한 소비기한은 있습니다. 그렇지만 사실 차를 애호하는 많은 사람은 포장지에 적힌 기한은 마음에 두지 않습니다. 마시며 판단합니다. 시간이 오래 지나도 열악한 상황에서의 보관이 아니라면 부패가 일어나지 않기 때문에, 차를 마실 때 포장지의 유효기한이 지났는가 보다는 뜨거운 물을 넣고 마셨을 때 그 차의 향과 맛이 지금도 좋은가, 혹은 좋아졌는가로 판단합니다. 단 건조한 과일이나 꽃 등 다른 재료가 들어간 Blended Tea나 인위적으로 향을 더한 Flavoured Tea는 예외입니다. 이런 차들의 포장지에 소비기한이 적혀 있다면, 가급적 지켜 주세요.

연미 향? 과일 향? 차의 향이나 맛을 이야기할 때 자주 등장하는 단어들이 있어요.

꽃이나 과일의 향을 화과향 花果香 이라고 합니다. 난꽃향, 장미향, 계화향, 매실향, 밤향 등이 있어요. 차를 마신 후 입안에 도는 단맛과 향을 과일을 먹고 난 후의 단맛에 빗대어 말하기도 합니다. 밀향도 있는데요. 단어 그대로 꿀에서 나는 향입니다. 세밀하게 꽃가루에서 나는 향 같은 화밀향 花密香, 숙성된 과일의 단 향인 과밀향 果密香, 오랜 시간 숙성된 보이숙차의 달고 매끄러운 차탕의 느낌을 표현할 땐 봉밀향 蜂密香 으로 이야기하기도 해요. 잘 익은 대추의 뭉근한 단 향인 대추향, 시원한 나뭇단의 향기를 목향, 캐러멜의 단 향 같은 첨향 甛香 도 있습니다. 제다 과정 중 건조할 때 사용하는 숯의 향이 배어 장작불에서 나는 연기 내음이 날 수도 있는데, 우연히 향이 배기도 하고 일부러 나도록 만들기도 합니다. 이런 향을 연미향 烟味香, 특히 소나무 태운 향이 나는 것을 송연향 松烟香 이라고 해요. 보관 기간이 길어지는 보이차에서는 장향[장뇌목, 녹나무], 약향, 삼향[인삼향] 등이 난다고 표현하는데, 오래된 고목의 향, 약재에서 나는 향과 비슷하게 느껴집니다.

회감 回甘 이라는 단어도 많이 접하게 되실 건데요. 차를 마신 후 뒤늦게 입안에서 느껴지는 단맛을 회감이라고 합니다. 주로 보이생차의 맛을 표현할 때 많이 사용합니다. 마신 후 목 안이 촉촉하며 상쾌해지고 편안한 달콤함과 청량감이 지속될 때 차의 후운 喉韻 이 좋다라고도 하구요.

'좋은 차에는 반드시 배저향 杯底香 이 있다'라는, 공식 같은 말이 있어요. 차를 마신 후 잔 바닥에 남아 있는 향을 배저향이라 합니다. 좁고 긴 형태의 잔에서 더 잘 느낄 수 있어요. 따뜻할 때도 맡을 수 있지만, 식었을 때 꽃향이 강하게 나기도 하니, 차를 마신 후 이 배저향을 맡는 즐거움도 놓치지 마셨으면 합니다.

질문들

보이생차와 보이숙차, 그리고 보이노차는 어떻게 다를까요?

보이차는 중국 운남성에서 오래 전부터 만들었습니다. 역사적인 사건들이 맞물리면서 1800년대 중후반부터는 홍콩에서 많이 소비되었고, 햇차로 마시다 향이 약해지면 창고에 두고 새로 햇차를 구입해 마셨습니다. 가격이 싸면서도 내포성이 좋아 음용하는 사람들이 점점 늘었습니다. 홍콩 창고에 두었던 차의 맛이 부드러워진다는 사실을 발견하게 되는 것도 이 즈음입니다. 부드러운 차를 좋아하는 소비자가 생겨났는데, 햇차를 굳이 창고에 묵히지 않고 처음부터 맛이 부드러운 차를 만들어 달라는 수요가 생겨났습니다. 그 결과 1974년, 미생물 발효를 이용한 보이숙차가 탄생합니다. 햇차를 창고에 두고 묵혀 마셨던 곳은 운남이 아닌 바로 홍콩 시장이었어요, 운남은 차를 창고에 보관하는 개념을 가지고 있지 않습니다.

이후 보이차는 차창에서 바로 출시되어 소비되는 보이생차, 그리고 차창에서 40~60여 일간의 미생물 발효로 70~95% 발효된 보이숙차로 나뉘게 됩니다. 2008년 중국 정부에서는 보이차의 정의를 명확하게 발표합니다. '보이차는 지리표시 보호구역 내의 운남대엽종 쇄청모차를 원료로 지리표시 보호구역에서 특정한 가공 방법에 따라 만들어진, 독특한 품질 특징을 가지는 차다. 가공 방법과 특징에 따라 보이차는 보이차 생차와 보이차 숙차의 두 종류로 구분한다.' 이렇듯 생차와 숙차를 구분하고 있습니다.

보이숙차는 처음부터 진한 갈색의 차탕으로 우러납니다. 진한 갈색의 차탕이지만 맛은 매우 부드러워요. 충분한 발효가 일어난 차는 몸에도 부담이 적고 목 넘김이 매끄러우며 편안한 맛입니다. 추운 날 보이숙차 한 잔이면 온몸에 따뜻한 훈기가 도는 느낌입니다.

갓 만들어진 보이생차는 시원한 수박껍질의 향과 개운한 단맛이 납니다. 식으면 떫고 쓴 맛이 강해지니, 따뜻할 때 드시는 게 좋습니다. 마시고 난 후 입 안에 단침이 고이고 '돌아올 회回', '달 감甘'을 써 '회감이 좋다'라는 표현을 합니다. 황금색의 차탕에서 5년, 10년, 15년… 보관의 세월이 길어질수록 점차 오렌지빛, 붉은빛의 차탕으로, 개운한 맛에서 부드러운 맛으로, 편안한 느낌으로 변화합니다. 나른한 오후에 정신을 집중할 수 있도록 도와주기도 하고 과식한 날 보이생차 한 잔으로 소화제를 대신하기도 합니다.

그렇다면 보이노(老)차는 무엇일까요? 생차 상태에서 출시 후, 보관에 따라 시간이 지나며 조금씩 맛과 향이 변한 차를 말합니다. 차창에서 미생물 발효를 통해 만들어진 숙차와는 다른 개념입니다. 예전에는 주로 40여 년 이상 오래된, 특히 홍콩에서 보관한 보이생차를 노차라고 했지만, 지금은 30여 년 정도 된 차도 노차로 인정하고, 오래된 숙차의 경우에도 느차라고 하는 것 같아요. 구분하기 위해 1970년대 이전에 만들어진 호급, 인급 보이차를 골동보이차라고 하기도 합니다. 잘 보관된 보이노차는 맑으면서도 농도가 느껴집니다. 세월이 만들어 준 맛과 향은 차창에서 미생물을 이용하여 만들어낸 것과는 달라요. 진한 나무 질감의 향, 겹성과 맑음이 공존하는 차탕에서 설명하기 어려운 단맛이 납니다.

보이노차는 원하는 수요에 비해 공급이 매우 적으며, 보관상의 어려움, 진품, 가품의 진위 여부, 높은 가격 등의 장벽이 있습니다. 노차를 더 이상 예전처럼 쉽게 마실 수 없게 되자 보이노차를 즐겨 드시는 분들은 육보차로 그 마음을 대신하기도 합니다. 숙성 창고인 차고에 몇 년, 그리고 다시 목판 창고에서 몇 년 보관하여 출시되는 현대 공법의 육보차는 홍콩 창고에서 토관한 보이차를 연상하게 합니다. 물론 육보차는 보이노차와는 확실히 다르고 육보차는 육보차대로 매력이 있습니다. 그럼에도 불구하고 육보차의 중후한 맛과 향은 가끔 보이노차를 떠오르게 합니다.

호급, 인급보이차라는 건 무엇인가요?

1940년대 이전 이무산을 중심으로 한 개인 차창들의 이름에는 호(號)라는 글자가 전부 붙었어요. 송빙호, 동경호, 동창호 등입니다. 이들 차창에서 만들어진 차를 호급(號級)차라고 합니다. 1949년 신중국[중화인민공화국] 수립 이후 차창은 국가에서 운영하게 되는데요. 이제까지 보이차를 생산해 오던 '호'자를 가진 개인 차창에서는 더

질문들

이상 마음대로 보이차를 생산할 수 없게 되고, 국가가 생산에 관여하면서 포장지까지 통일되었습니다. 이때 뒤에 다시 설명드릴 '팔중 八中', '중차패 中茶牌'라고 하는 도안이 포장지에 반영되는데, 이 도안이 찍혀 있는 이 시기의 차를 인급 印級 차라고 합니다. 지금은 호급과 인급보이차 모두 극소량 남아 유통되고 있으며, 전설과도 같은 스토리가 따라오기도 하여 부르는 게 가격인 차가 되었습니다.

호급, 인급보이차 대부분 홍콩 창고에서 보관됐는데요. 홍콩 반환 등의 이슈로 스토리가 세상에 알려지면서 더욱 유명해졌습니다. 홍콩의 고온다습한 환경에서 오랜 세월 보관되었기 때문에 충분한 발효가 일어났고 같은 이름의 차일지라도 창고와 보관 상태에 따라 가격은 천차만별입니다.

보이생차를 사서 오래 보관하면 유명한 '홍인' 같은 노차가 될까요?

많은 분이 '보이차는 후기 진화한다'고 표현합니다. 부모님을 따라 어릴 때부터 차를 마셔왔고 오랜 기간 여러 종류의 보이차를 보관하고 있으며 노차도 좋아하지만, 제가 말씀드릴 수 있는 건 한국에서 보이차를 구입하여 30년, 40년 보관을 해도 오래전 호급이나 인급 보이차의 맛과 향으로 변하진 않는다는 거예요. 대신 다른 방향으로 변화합니다. 지금의 호급, 인급 보이차는 '홍콩 보관'이라는 조건이 붙습니다. 모두 '당시의 홍콩 상황'에서 보관되었죠. 조금씩 다르지만 대부분 고온다습한 환경의 창고에서 발효가 일어난 보이차입니다. 노차를 만들기 위해 고의로 만든 환경이 아니라, 우연에 의한 탄생이었습니다.

깨끗하고, 건조하거나 통풍이 잘되는 곳에서는 발효가 일어나기 어렵습니다. 일부러 발효를 위해 개인이 고온다습한 보관 환경을 만들다가 도리어 곰팡이가 피어 마시기 불편한 차가 되는 경우도 많습니다. 쾌적한 환경, 적절한 습도와 통풍의 조건에서는 발효보다는 효소적 변화가 더 많이 일어나게 됩니다. 당연히 그 결과물도 다르겠지요. 저는 후자의 변화도 좋다고 생각합니다. 걸쭉한 짙은 갈색의 차탕에 미묘한 단맛은 아니지만, 부드러운 맛과 녹아 스미는 듯한 단맛, 낙엽 향과 장향, 투명하게 느껴지는 회감은 충분히 매력적입니다.

동일한 회사의 동일한 상품의 차를 구입하여 각각 서울, 제주도, 대만, 상해, 북경, 뉴욕, 로마 등 다른 장소에 20년을 보관 후 다시 모았을 때, 아마도 원래 같은 차인지 알 수 없을 만큼 맛과 향이 변화할 거예요. 화향은 좀 더 약해지고 맛은 좀 더 부드러워지고 차탕은 좀 더 붉어지는 것에는 동일하겠지만, 저는 그것이 '진화'라는 단어를 사용하는 것이 맞는지는 잘 모르겠어요. 개인적으로는 변화라는 표현이 더 맞을 것 같습니다.

햇차는 햇차대로, 10년 된 보이차, 20년 된 보이차, 30년 된 보이차는 각각 그대로의 매력이 있다고 생각합니다. 가끔 햇차를 마시면 건강을 상하게 한다고 이야기하는 분을 만날 때가 있어요. 녹차를 마시면 몸을 차게 한다고 하는 분들처럼요. 우리는 차를 아주 진하게 우려 하루에 몇 리터씩 매일, 종일 마시지는 않습니다. 저는 그날그날의 컨디션에 따라 여러 가지 차를 즐겨 마시는 것이 좋다고 생각해요.

"보이차는 오래 보관할수록 비싸지나요?"라고 물어보신다면 "그런 차도 있고, 아닌 차도 있다"고 대답할 수 있겠습니다. 실제로 제가 가지고 있는 차들을 중국 차 시장에서 거래되는 가격에 대조해 봐도 그렇습니다. 오래되고 비싼 노차의 경우 그 차의 보관된 연수로만, 혹은 맛과 향으로만 가격이 정해진다고 생각하지 않습니다. 물론 특별해진 맛과 향도 있지만, 그 차의 희소성과 그 차가 가지고 있는 이야기가 매력적이기 때문이지요.

보이차를 보면 7542, 7572, 8582 같은 알 수 없는 숫자들이 있습니다. 이건 무슨 뜻인가요?

병배숫자차라고 해요. 두 종류 이상의 품질이 다른 찻잎을 섞어 만드는 것을 병배拼配라 하고, 그렇게 만들어진 차를 병배차라고 합니다. 각각 다른 산지와 등급의 찻잎, 혹은 년도가 다른 차를 병배합니다. 향이 좋은 차, 맛이 강한 차, 맛이 부드러운 차, 가성비가 좋은 차 등 어떤 차를 만들지 정한 다음, 그에 맞게 적절히 여러 종류의 찻잎을 섞어

질문들

가며 차의 단점보다 장점을 부각시켜 전체적인 색, 향, 맛 그리고 형태를 좋게 하는 것이지요. 영어로 하면 블렌딩 정도가 되겠네요. 수많은 변수를 파악해야 하며, 여러 요인을 파악하여 만들기에 쉬운 작업이 아닙니다. 규모가 있는 차창은 병배전문가를 두어 차를 만듭니다. 반대되는 개념으로는 순료차 純料茶 가 있겠습니다. 중국에서는 '일구료차 一口料茶' 라고 합니다. 특정 지역이나 산지의 원료를 사용하여 그 산지의 특성을 살린 차입니다.

보이차를 만드는 곳(차창)은 1950년대부터 대부분 국영으로 전환되었습니다. 국가 브랜드로는 '중차패'가 있었는데, 이 중차패를 여러 차창에서 만들었어요. 녹색의 '茶'자를 원형으로 둘러싼 여덟 개의 '中'자 문양의 '팔중 八中' 도안이 찍힌 포장지가 중차패원차입니다. 여러 차창에서 만드는 보이차가 같은 포장지를 사용한다니, 혼란스러웠을 것 같지요? 그래서 결국 로트 번호라고 하는 숫자 개념이 등장하게 됩니다. 등급과 산지, 생산 차창의 구분이 반드시 필요했기 때문이죠. 70년대 중반 이후 지금까지 생산되고 있는 보이차 중 차의 이름이 숫자로 되어 있는 것이 있습니다. 7542, 7572 같은 차가 그렇습니다. 첫 두 자리가 생산 연도, 세 번째 자리가 등급, 네 번째 자리의 숫자는 공장 번호를 뜻해요. 예를 들어 7542는 1975년도에 만들어진 병배 방법에 따른 맛과 향을 기준으로 4등급 위주의 차청[찻잎]을 중심으로 3,4,5,6등급의 원료로 2번 공장[당시 맹해차창]에서 만든 차라고 식별할 수 있어요. 지금의 '대익차창'이 된 맹해차창을 포함하여 여러 차창에서 이런 숫자 조합 형태의 이름으로 구분되는 보이차를 제작했습니다.

차의 맛과 향을 정하는 요소에는 무엇이 있을까요?

차나무의 잎을 따서 차를 만듭니다. 맛과 향이 다른 수백 가지의 차가 있어요. 차의 맛과 향은 여러 요소의 영향을 받습니다.

먼저는 차의 품종이 있겠네요. 쌀알처럼 차도 식물이고 농작물입니다. 차 역시 수많은 품종이 있어요. 그리고 차가 자라는 환경[해발고도, 기후, 토양 등]에 따라 달리 자라겠지요. 채엽을 할 때 싹이나 어린잎, 성숙한 잎 중 어떤 잎을 채엽하는가에 따라서도 완성된 차는 달라집니다. 채엽의 시기는 또 어떨까요? 백호오룡이라는 차는 6월 소록엽선이라는 벌레가 한바탕 소동을 피운 다음 채엽을 합니다. 벌레 먹은 부분의 여러 가지 화학적인 변화를 완성된 차에서도 느낄 수 있습니다. 한여름에 딴 차와 겨울 초입에 딴 차도 서로 다르겠지요.

차를 가공하며 채엽한 찻잎을 얼마나 오래, 햇볕 아래에서 혹은 실내 그늘에서 시들리기를 하느냐에 따라서도, 증기에 찌거나 솥에 덖느냐에 따라서도, 솥이 외부에 노출되어 있는지 아닌지에 따라서도 차는 달라집니다. 비비기의 강도와 찻잎의 절단 상태, 그리고 건조하는 방법에 따라서도 차의 맛과 향은 달라지겠죠. 수많은 조건의 조합으로 차는 우리에게 도착합니다.

이렇게 도착해 내 앞에 놓인 차를 어떻게 우리는가에 따라서도 차의 맛과 향은 달라집니다. 다구의 선택, 물의 선택, 물을 끓이는 방법과 침출 온도, 그리고 우리는 시간… 차가 만들어지는 조건에 관여할 수는 없지만, 차를 우리는 것은 전적으로 나 자신에게 달려 있습니다. 내 앞에 놓인 차가 들려주는 이야기에 귀를 기울이면서, 그 맛과 향을 최대한 드러나게 하는 것은 나 자신밖에 없습니다. 충분히 우리가 관여할 수 있는 요소입니다.

왜 카페인 함량이 크게 줄지 않았는데
잠이 잘 온다고 하는 차가 있는 걸까요?

손님께서 이런 이야기를 한 적이 있어요. "카페인에 예민해서 오후 3시 이후로 어떤 차와 커피도 마시지 않습니다. 그런데 어제는 잠이 너무 오지 않아 보이숙차를 마시고 편안히 잤어요."라고요. 이상하지요? 보이생차에도 보이숙차에도 카페인은 들어 있습니다. 함량을 찾아본 적이 있었는데, 두 가지 차의 카페인 함량이 크게 차이 나지는 않았어요.

원인은 '가바(GABA)'라는 성분에 있습니다. 이 가바라는 성분은 신경 안정 작용을 하는 신경 전달

물질로 알려져 있어요. 심신을 좀 더 편안하게 하고 카페인의 각성효과를 상쇄하는 역할을 하는데요. 보이생차에서 숙차로 발효되면서, 혹은 노차로 변화하며 다섯 배 가량 증가한다고 합니다. 20년 넘은 보이생차나 3년 이상 된 숙차에 주로 함량이 높다고 하니, 카페인에 예민하신 분이나 섭취를 줄이고 싶으신 분은 참고하시면 좋을 것 같아요.

  보이숙차는 고지혈증에 좋다는 이야기가 있어 예전부터 많은 분이 드셨습니다. 임상실험에서도 실제로 유의미한 결과가 나오기도 했어요. 그렇지만 정확히 어떤 성분 때문인지는 알려지지 않았는데, '로바스타틴(Lovastatin)'이라는 성분으로 밝혀졌습니다. 로바스타틴은 항고지혈제로서, 실제로 심혈관 계통 질환이나 고지혈증 약에 들어가는 성분이기도 합니다. 보이차의 발효 과정 중 토곡균과 홍국균의 효소 작용으로 인해 로바스타틴이 생성된다고 해요. 실제로 이 로바스타틴을 강화한 보이차가 출시되기도 했습니다.

  현대의 기술 발전으로, 오랫동안 차에 전설처럼 깃들어 있었던 신비한 사실들이 하나씩 밝혀지고 있습니다.

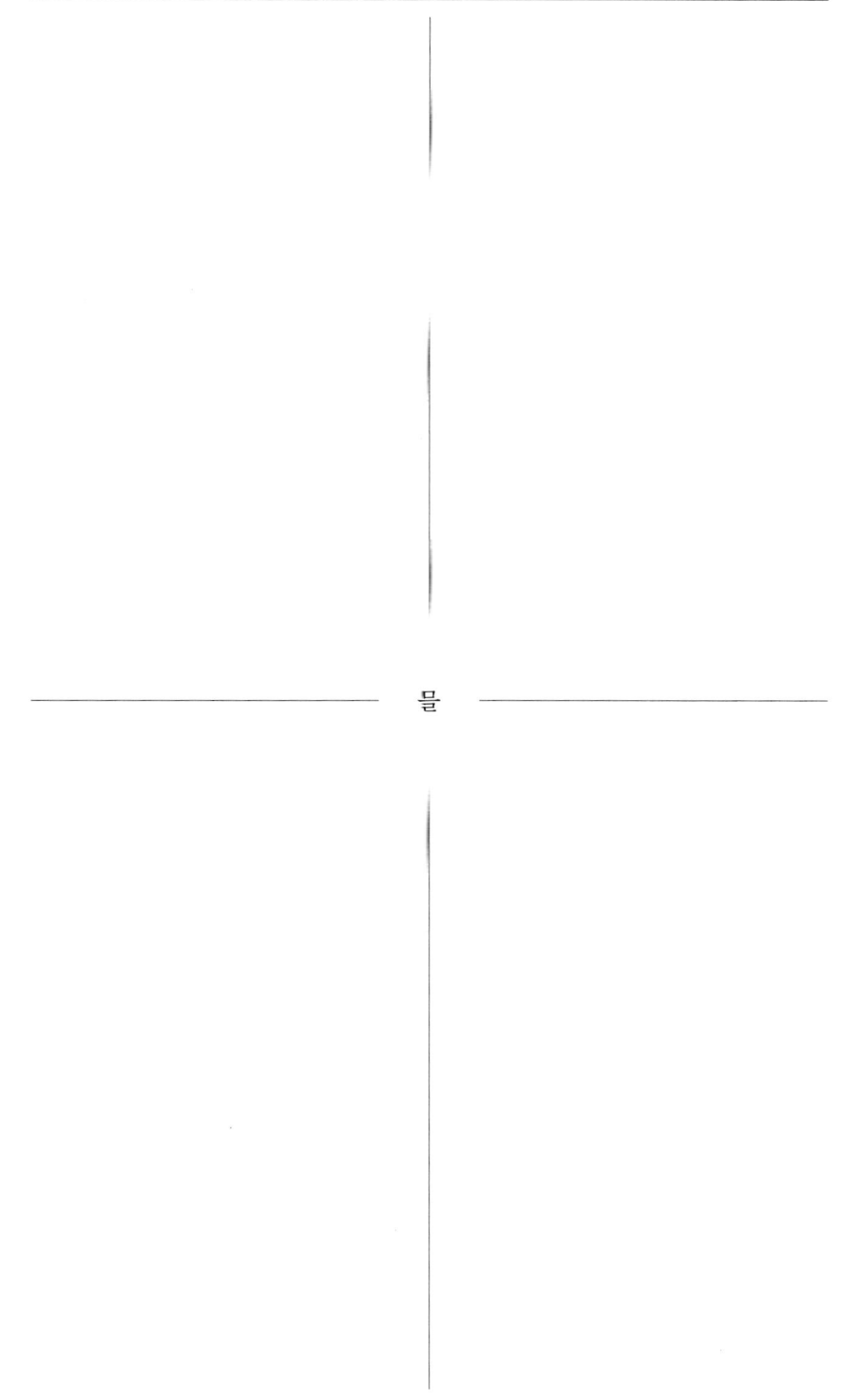

물　　　　　　　　　지금까지 찻잎을 함께 들여다보았습니다.

거창하게 설명하지 않았지만, 여기까지 함께 읽으신 분들은 이미 소위
'6대 다류'에 대한 개념을 편안하게 짚으며 따라오신 거랍니다. 관찰하면
할수록, 알면 알수록, 집중하면 할수록 즐길 수 있는 것들이 많아지는 것이
차예요. 같은 차라도 날씨에 따라 계절에 따라 다른 맛을 보여줍니다. 이런
섬세한 차의 맛을 극대화하는 것이 바로 물인데요. 물에 관한 이야기를
조금 들려드릴게요.

'차는 물의 신神이요, 물은 차의 체體라 한다'는 말이 있을 정도로 물은
차에 있어 가장 중요한 요소입니다. 물의 힘을 빌려 찻잎의 맛과 향을
드러나게 하는 것인 만큼, 물부터 정성을 들이는 것은 어쩌면 너무나
당연한 수순일지도 모릅니다. 많은 다인이 정성껏 직접 길어온 물을
각자의 탕관에 각자의 방법으로 가열하여 정성스레 온도를 맞추어 차를
우려냅니다. 다석과 방식은 조금씩 다르지만, 그 자체로 너무나 아름다운
'차의 언어'입니다.

하지만 모두가 이렇게 차를 마실 수 있는 환경에 있지는 않습니다. 특히
입문자의 경우, 찻잎도 도구도 생소한데 물까지 신경 쓰기에는 쉽지 않을
수 있어요. 저는 생수도 정수기도 나쁘지 않은 대안이라고 말씀드립니다.
상황에 맞는 도구로 차에 정성을 들이는 것으로 충분하다고 생각합니다.
나의 목소리로 구사해 보는 '차의 언어'임을 항상 생각한다면, 조급하지
않게 느긋하게 차를 천천히 즐기실 수 있을 거예요.

생수나 정수기를 사용하는 경우, 보통 전기 주전자를 이용해 물을
끓입니다. 다석에 조금 관심을 가지게 되면 물을 직접 끓여보고 싶은
마음이 드는데요. 이런 경우 선택지는 쿠쇠나 은, 동 등 금속으로 만든
탕관, 도자기로 만든 탕관 등이 있어요. 가열 도구로는 화로나 알코올램프,
가스와 인덕션 등을 고를 수 있겠지요. 한 봉지의 차를 여러 온도로 우려
보고, 그렇게 몇 봉지를 우리다 보면 어느 순간 각 주전자의 차이도,
전기주전자와 탕관의 차이도 알게 됩니다.

물

제가 요즘 즐겨 쓰고 있는 방법을 보여드립니다. 사진의 무쇠 주전자는
대만에서 만든 제품입니다. 은탕관, 골동무쇠주전자, 동탕관 등을 거쳐,
박미경 작가의 전기화로[인덕션]와 세트처럼 두고 지금 제가 즐겨
사용하는 주전자입니다. 차 전문가가 설계에 참여한 이 무쇠 탕관은 물을
고온으로 끌어올려 차를 즐기는 이들이 사용하기 좋습니다. 낮은 형태로
물을 따를 때 어깨를 많이 사용하지 않아, 저처럼 매일 열 번 스무 번 차를
우리는 사람들의 부담을 덜어줍니다. 무쇠는 관리가 쉽지 않습니다. 사용
후 눈에 보이지 않는 내부까지 여열로 잘 건조해야 녹이 슬지 않습니다.
관리의 불편함에도 즐겨 사용하고 있는 건 전기 주전가가 줄 수 없는
즐거움이 있기 때문입니다.

차를 우릴 때 물을 높은 곳에서 떨어뜨리면 차에 가해지는 충격이 커서
호 안에서 찻잎들이 휘몰아치고 강하게 우러나와 차의 맛이 진해지지만,
맛의 균형을 잃을 수 있어요. 물을 낮게 찻잎에 살살 떨어뜨리거나, 개완의
꺾이는 선 부분에 물을 돌려 부으면 너무 강하지 않으면서도 충분히
진하게 우러나오며, 내포성에도 큰 영향을 주지 않아요. 개완의 가장자리
날 부분에 물줄기를 돌려 넣으면 찻잎에 물이 간접적으로 닿게 되고 차는
천천히 우러나오며 맛이 조금 약할 수 있지만 향은 섬세하게 잘 퍼집니다.
대신 날에 돌리면서 물의 온도가 떨어지기 때문에 뜨거운 물로 우리는
것이 좋은 암차 같은 경우는 추천하지 않아요.

향이 좋은 차인지, 맛을 강하게 마실 차인지, 혹은 그 날 내가 원하는
차는 어떤 차인지에 따라 물줄기를 조절하여 우릴 수 있습니다. 차호나
개완에서 우러난 차탕을 공도배로 옮길 때는 낮게 붓는 것이 좋아요.
우러난 차탕에서 차향이 날아가지 않게요. 차를 따를 때 그 낙수 소리에,
찻잔에 방울방울 떨어지는 모습에 집중하면 복잡했던 생각이 정리되고
머리가 맑아집니다.

물

김종훈 작가의 도자기 탕관湯罐입니다. 작가께서는 20여 년 전 처음 무쇠 탕관으로 차를 내리는 모습을 보고, 무겁고 관리도 어려워 보이는 무쇠 대신 도자기로 탕관을 만들어 보면 어떨까 생각했다고 해요. 그렇게 조금씩 만들어 보던 탕관을 중국의 차인들이 먼저 알아보고 좋아하게 되었고, 얼마 전에는 중국에서 김종훈 작가의 도자기 탕관을 다룬 전시회도 열렸습니다.

중국에서 개인전을 마치면 늘 골동 상점들을 방문하곤 했는데, 마음에 드는 은 탕관을 발견했지만 가격이 높아 구입할 수는 없었다고 해요. 하지만 표면의 산화된 분홍빛 은색은 김종훈 작가의 기억에 오래 남았습니다. 사진의 탕관은 작가의 노력이 잘 나타난 아름다운 작품이에요. 도자기에 은을 바르고 작가만의 노하우로 조금씩 산화시켜 표면에 일렁이는 아름다운 보랏빛을 구현했어요.

금속으로 된 손잡이 아래 보이는 뚜껑의 꼭지가 특이하다고 생각했습니다. 살짝살짝 움직임이 있는 뚜껑입니다. 처음에는 물이 끓으면 아름다운 소리를 내도록 만든 것일까 상상했지만, 사용하면서 이내 아니라는 것을 알게 되었어요. 탕관 내부에서 끓어오르는 증기에 꼭지가 추처럼 흔들리게 설계했다면 그 열기가 바로 손잡이까지 전달되어 매우 뜨거웠을 거예요. 하지만 몸체와도, 뚜껑과도 분리된 구조의 뚜껑 꼭지는 많이 뜨거워지지 않아 손으로 잡을 수 있었습니다. 흔들리는 뚜껑 꼭지는 바로 손이 닿는 부분으로 뜨거움이 옮겨가는 것을 막는 장치였어요. 작가의 고민이 좋은 결과로 반영된 훌륭한 예입니다.

물

이 탕관을 처음 보았을 때 들었던 또 하나의 생각은 '작은 체구의 여성이 사용하기에 괜찮을까?'였어요. 높이가 너무 높아 물을 따르려면 많이 기울여야 할 것 같았거든요. 그저 예쁘다고 이렇게 만들지는 않았을 텐데 싶어, 작가께 물어보아 궁금증을 해결했습니다. 여러 가지 조건이 맞물려서 되는 것이 차입니다. 그 중 물의 온도는 매우 중요하지요. 차를 우리며 계속해서 탕관의 물 온도를 체크하게 됩니다. 화로 위에 올려 끓이다가 어느 시점에서는 불에서 내려서 사용하고, 또 그러다가 다시 불에 올리기를 반복하는데요. 그럴 때 금속 재질로 된 탕관은 물 온도를 단번에 높일 수 있는 것은 좋으나 식는 속도가 빠른 편입니다. 그런데 잘 만들어진 도자기는 좀 더 열을 품고 있을 수 있죠. 게다가 높이가 높고 좁은 탕관이라면 끓인 후 불에서 내려도 내부의 대류현상으로 물 온도가 유지되고, 물을 따를 때도 탕관의 높이가 높아서 온도 층이 다른 아래쪽 물과 쉽게 섞이지 않습니다.

차에 집중하다 보면 자세히 들여다보게 되고, 작은 것에도 정성을 들이게 됩니다. 그 정성이 모여 한 잔의 차가 되는 것이지요.

잔

잔
盞

　　◦◦◦◦◦◦◦◦◦◦◦◦◦◦◦◦◦
다도란 단순히 보기에 아름다운 것만 의미하지는 않아요.

백 번 이백 번 반복하며 불필요한 행동을 줄여 나가는 것, 동작과 동작의 연결이 머뭇거림 없이 물 흐르듯 자연스럽게 이어지는 것, 그 안에서 내 손과 내 몸이 자연스러워질 수 있도록 다구들이 각자의 적절한 위치를 찾아가도록 하는 것, 매번 같은 방식으로 차를 우릴 수도 있지만 좀 더 잘하고자 마음먹는 것, 우리는 과정을 자세히 들여다보며 더 나은 방향으로 나아가는 것. 수행과 닮아 있습니다.

차 우리기가 드디어 익숙한 일과가 된다 해도, 반복되는 그 과정은 늘 같지 않습니다. 매일매일의 반복에서도 차이를 느낄 수 있어요. 과정과 과정의 세밀한 아름다움을 느끼게 되고, 온전히 나에게 혹은 차에 집중하게 됩니다. 매일의 반복이라 할지라도 과정 속에서 느끼는 작은 변화들은 다양한 깨달음으로 다가옵니다.

차는 그저 찻잎에 물만 부어 마셔도 좋다고도 생각합니다. 하지만 다구를 갖추고 일련의 과정을 거쳐 차를 우릴 때, 차는 '기氣가 있고 도道가 있는 어떤 것'이 됩니다. 향이 있고 맛이 있는 푸르고 붉은 물에서 기운을 가진 '아름다운 무언가'가 됩니다. 여러 가지 의미들을 이해하는 '차의 언어'를 제가 오래 아껴 온 다도구들을 통해 설명 드리고자 합니다.

○ ○ ○ ○ ○ ○ ○ ○ ○
가장 기본인 잔부터 시작할까요?

차를 마시는 동안 가장 많이 만지게 되는 것. 입술에 닿으며 차의 맛과 함께 감각으로 먼저 느끼게 되는 것이 바로 잔입니다.

잔
盞

고현 조장현 작가의 잔입니다. 조장현 작가께서는 순수미술을 전공했지만, 도예가였던 아버지에게 '고현'이라는 호를 이어받으며 2대째 청자를 바탕으로 아름다운 작품을 만들고 있어요. 첫 전시를 보자마자 반했습니다. 어디에서도 볼 수 없었던 청자가 있었습니다. 그때는 '빛'이라는 전시 공간을 오픈하기 전이었고 계획만 가지고 있을 때였는데, 완성된 공간도 없는 주제에 작가께 덜컥 다가가 전시를 제안했습니다. 면식이 없는 분에게 다가가 먼저 말을 건넨 건 그때가 처음이었을 거예요. 산수화 아래층에 있는 '빛'의 바닥에는 도자기 파편들이 박혀 있습니다. 자세히 보시면 차호 뚜껑도 보실 수 있고, 뚜껑의 꼭지, 다완의 옆 선도 찾으실 수 있어요. 이 도자기 파편은 모두 조장현 작가의 뒷마당에서 가져온 것들입니다.

사진의 잔은 전시가 되었거나 판매한 잔은 아니에요. 작가 댁에서 이런저런 이야기를 나누다 보면 예쁘고 멋진 것들이 가득한 뒤쪽 장에 자꾸만 눈길이 갑니다. 작가께서 이야기하신 적이 있어요. 장 안에 가장 좋다고 생각하는 기물들을 두지 않고, 오가며 지나칠 때 무언가 생각할 여지가 있는 것을 둔다고 말이에요. 바로 그 장에 놓여 있던 잔이었어요. 자꾸만 자신의 어깨 너머 저 잔을 쳐다보는 제 마음을 눈치채셨는지 쓱 건네주셨던 잔입니다.

잔의 외벽에 무심히 묻은 흙의 흔적과 섬세하게 그려 넣은 문양에 의해서 유약은 튀어나온 부분에서 얕게 흐르고 또 그 아래에서는 진하게 고입니다. 얕게 흐르는 부분은 노란 듯 푸르고 붉은 듯 담담한 회녹색이 있고, 아래에 고여 깊이 모인 유약에서는 심녹색의 보석 같은 반짝임이 있습니다. 하나의 작은 잔 안에 수많은 청자의 색이 담겨있습니다. 잔의 내부는 매끈하고 아랫부분은 워낙 얇게 깎아 햇빛에 비추면 빛이 그대로 잔을 통과하여 긴 선의 문양들이 기다란 창문의 나무틀처럼 보입니다.

산수화의 모든 기물은 좋아하시는 손님께 판매하고 있지만, 이 잔만큼은 너무 소중해서 집에 고이 모셔 두고 사용합니다. 벌써 잔 바닥에는 찻물이 꽤 들었답니다. 할머니가 되어서도 쓰고 싶은 잔입니다.

잔 盞

이 잔을 이야기하려면 우선 진여당 眞如堂 이란 곳을, 그리고 중국의 경덕진이란 곳을 이야기해야 할 것 같아요. 중국 내에서나 세계적으로 자기의 생산으로 유명한 곳은 중국의 경덕진이라는 지역입니다. 자기를 만드는 수많은 회사와 작가가 있습니다. 이 가운데서도 진여당은 경덕진에서 고가의 브랜드 중 하나입니다. 진여본심 眞如本心 이라는 불교 용어에서 유래한 상호인데요. 차로 맺어진 인연을 말하기도 하고, 진정으로 아름다운 물건을 뜻한다고 합니다. 말 그대로 가장 진실에 가까운 마음, 진정으로 아름다운 것을 추구하는 마음으로 "생활의 예술화, 예술의 생활화"를 목표로 다양한 작업을 하는 곳이랍니다.

진여당의 특징은 의경 意境 과 고채 古彩, 청화와 조각 작업이 아름답다는 점인데요. 이 가운데서 의경 意境 이라는 개념만 조금 더 설명해 드릴게요. 의경이란, 중국 산수화에서 중요한 개념 가운데 하나입니다. 객관적인 실경과 작가의 주관적인 정경이 서로 융합되어 나타난 예술 형상이라고 이야기할 수 있겠어요. 자연 물상을 그대로 모사하지 않고, 천지 天地 의 도 道 와 작가의 의도를 담고자 노력하면서 유한한 물상을 넘어 무한의 개념을 표현하고자 했어요.

어려운 말 같지만, 보는 사람이 상상하고 생각하게 하는 재미있는 그림이라 생각하셔도 좋습니다. 이런 의경을 차도구에 넣은 진여당의 정신이 좋았어요. 그래서 2014년 산수화 오픈부터 저는 진여당의 한국 총판으로서 이런 아름다운 다기를 소개하고 있습니다.

작은 잔에는 각별한 사연이 있어요. 진여당을 방문했을 때의 일입니다. 우연히 본 큰 공도배에 마음에 쏙 드는 그림이 그려져 있었습니다. 그림이 너무나도 마음에 들어 작은 잔에 들어가면 정말 예쁘겠다고 생각했지요. 그런데 중국은 대부분 큰 크기의 잔을 사용하고, 수요도 큰 크기의 잔이 높기 때문에 이렇게 작은 잔은 잘 제작하지 않았어요. 진여당에서 생산된 잔은 아니지만, 테스트 중인 잔 위에라도 이 그림을 그려 달라고 요청해서 탄생한 게 바로 이 잔입니다.

따뜻한 차를 담고 손에 쥐어 보면, 정말 갓 삶아 껍질을 깐 따끈한 달걀이 손안에 들어와 있는 것처럼 보드랍고 매끈하여 마음을 따뜻하게 합니다. 직접 쥐어 보지 않으면 설명하기 어려운 이 느낌을 저는 정말 좋아해요.

잔
盞

조금 큰 용량의 청화백자잔은 유명한 청명상하도를 담고 있습니다. 청화는 분채에 비해 일정한 컬러를 내기가 쉽지 않고 농담의 표현도 어려운 편입니다. 저는 청화 잔을 좋아하는데, 너무 진한 푸른색으로 가득 찬 것은 시각적으로 조금 부담스럽습니다. 그래서인지 사진의 큰 잔처럼 바탕에 그림이 여백과 함께 있거나 가득찬 그림이어도 농담의 표현이 적절한 것을 아름답다고 느낍니다. 처음 경덕진에 갔을 때 진여당이 마음에 들었던 것도 다른 브랜드에 비해 그림의 농담, 힘을 주거나 빼는 감각이 뛰어났기 때문이었어요.

청명상하도는 중국의 북송대 화가인 장택단|張擇端|이 청명절을 맞은 북송의 도성부터 변경(지금의 허난성|河南省|)까지 번화한 모습을 묘사한 걸작인데요. 6m에 달하는 엄청나게 큰 그림입니다. 진여당에서는 차호와 세트로 구성된 잔에 청명상하도의 일부를 나누어 넣은 멋진 컬렉션을 시도했습니다. 실제 청명상하도의 디테일들을 그대로 살린 섬세한 아름다움에 항상 감탄하게 됩니다. 저에게는 차호는 없고 잔 두 개밖에 없어 볼 때마다 아쉽고 소중한 잔입니다.

잔
盞

중국 복건성 덕화 德化 현은 경덕진과 함께 도자기 생산으로 유명합니다. 경덕진의 자기가 얇고 견고하며 두드리면 맑은 종소리가 나고 투명한 푸른 빛을 가진 옥과 같다고 하면, 덕화의 자기는 부드럽고 온화하며 상아빛을 띠는 황옥과 같다고 알려져 있어요. 또한 경덕진에서 만든 잔은 차갑고 청아한 백색으로 섬세하고 얇으면서 날렵한 수려함을 가진다면, 덕화에서 만든 잔은 따뜻하고 고아한 백색으로 부드럽고 온화한 유려함이 있습니다. 덕화에서 만든 조각이나 불상은 그 온화한 표정과 미소로 유명합니다.

사진의 두 잔 모두 연대는 다른 앤틱 덕화잔입니다.

조금 큰 매화꽃 앤틱 잔부터 들여다보겠습니다. 별도로 문양을 만들어 그릇 표면에 붙이는 장식 기법(첩화 貼花 기법)으로 매화 잎을 따로 만들어 잔의 외부에 붙여 만든 매화배 梅花杯 입니다. 덕화 앤틱잔에서는 다양한 크기의 매화배를 어렵지 않게 찾을 수 있습니다.

조금 작은 골동잔은 다섯 개가 한 세트였는데, 보는 순간 반해버린 잔입니다. 첩화 기법이 아닌 음각으로 조각한 매화 그림이었고, 동일한 잔 다섯 개를 함께 구입할 수 있어서 더 좋았습니다. 사진에는 학 같기도 하고 오리 같기도 한 사랑스러운 조각이 있는데, 사진에 보이지 않는 반대쪽엔 매화 조각이 있습니다.

유백의 따스한 흰 빛을 띠는 잔의 색은 골동자사호, 현대 작가의 분청호 등 어떤 다기와도 편안하게 어울려서 즐겨 사용하고 있습니다.

잔
盞

차에 조예가 깊은 스님께 백자를 잘 만드는 작가를 추천해 주십사
청한 적이 있었습니다. 그 자리에서 홍우경 작가의 이름을 들었습니다.
역시 차에 조예가 깊은 한의사 선생님의 차실에서 작은 백자잔 하나를
보았는데, 한눈에 반해버렸습니다. 역시 홍우경 작가의 작품이었습니다.
어느 것이 먼저였는지는 모르겠어요.

그렇게 진주요 홍우경 작가를 찾았습니다. 홍우경 작가의 잔과 차호를
너무 갖고 싶었는데 몇 해를 소유하거나 사용해보지도 못한 채, 여러 번
만나 이야기부터 나누게 되었습니다. 작가의 수많은 이야기가 너무 어렵게
들리기도 하고, 이해가 될 때도 되지 않을 때도 많았습니다. 해가 지나고
저에게 홍우경 작가의 잔 하나가 생겼습니다. 사용하는 동안 잔 하나가
어떻게 이런 따스한 느낌을 줄 수 있을까 생각했어요. 그리고 또 여러
달이 지나 차호를 가지게 되었습니다. 완벽하다고 할 수는 없었지만, 그
차호로 차를 우려 사용해 보면서 작가께서 하는 말을 조금씩 이해하기
시작했다고 느꼈습니다. 아직도 저는 홍우경 작가의 수많은 생각을 모두
이해하지는 못합니다. 하지만 이 잔 안에, 그리고 차호 안에 작가께서
담고자 하는 한국적 정서와 미감, 공존이라는 의미를 느끼고 생각할 수
있게 되었습니다.

친구에게 이야기한 적이 있습니다. 자식이 있어 자식에게 기물을 골라
물려준다면 조장현 작가의 잔과 홍우경 작가의 잔을 물려주고 싶다고요.
그릇|器| 안에 세상을 바라보는 작가의 시선과 생각을 담는 것, 작은 차호와
잔 안에 그 시선과 생각을 담고 변화를 일으키는 것이 얼마나 힘겨운
일인지 찻집을 하며 배울 수 있었습니다.

잔
盞

김동준 작가의 백자는 조선시대에서 그대로 지금으로 온 것 같습니다. 처음에는 김동준 작가의 항아리가 너무 아름다워 직접 찾아가게 되었습니다. 그 후에 작가의 다도구를 산수화에서 판매하게 되었는데, 판매자이자 팬이기도 한 저는 그의 양이잔이 너무 좋아 모양별로 하나씩 하나씩 모으게 되었습니다.

잔의 입 언저리 부분이 너무 안으로 오므라들어 있다면 차를 마시기 위해 목을 좀 더 뒤로 젖혀야 하고 그 부분이 너무 밖으로 젖혀져 있어도 마시기에 불편합니다. 중국 잔과 현대에 만들어지는 잔은 사실 입술이 닿는 부분이 좀 더 젖혀진 것이 많습니다. 중국은 주로 차를 뜨겁게 열탕으로 마시기 때문에 찻잔을 잡을 때 너무 뜨겁지 않게 손가락 끝으로 잔의 윗부분인 날을 잡고 마시기 때문입니다. 김동준 작가의 양이잔은 잔의 날 부분이 편안하여 저는 우전 같은 고급 녹차를 담아 마시기 좋아합니다. 조금 넉넉한 양으로 뜨거운 보이생차를 담아 마실 땐 양쪽에 있는 손잡이 부분을 잡고 마십니다.

잔의 형태에 귀가 달린 잔을 이배 耳杯 라고 합니다. 귀가 양쪽에 두 개가 달렸다면 양이잔입니다. 귀 모양이 앵무새의 부리를 닮은 것은 앵무잔이라고도 합니다. 귀의 모양은 꽃과 닮은 형태 등 다양하게 있습니다. 조선시대에는 술잔으로 사용했다고도 하는데, 요즘은 찻잔으로 많이 사용합니다.

김환기 화백은 '가장 단순한 빛깔은 백색이지만 조선 도자기에 나타난 이 단순한 백색은 모든 복잡을 함축해 그렇게 미묘할 수가 없다'라고 말했습니다. 김동준 작가께서는 가장 한국적인 그런 백색을 표현하고 싶다고 했습니다.

잔
盞

지금까지 소개해 드린 잔 외에도 다양한 모양의 잔이 더 있습니다. 모양에 따라 잔을 일컫는 용어 역시 다양한데요. 그 가운데 일부를 간단히 정리해 보았습니다. 앞으로 다구를 고르실 때 도움이 되시면 좋겠어요. 사진 속 기물은 진여당, 경덕진, 골동, 김동준 작가 등 다양한 조합으로 구성했습니다.

① 앙종배│仰鐘杯│, 령당배│領鐺杯│, 종식배│钟式杯│ 이름 그대로 종의 형태를 닮은 잔입니다. 입이 닿는 부분이 바깥으로 살짝 뻗어있어 뜨거운 차를 담았을 때 잡기가 수월합니다.

② 계란배│鸡蛋杯│ 계란 같은 모양의 잔입니다.

③ 나한배│罗汉杯│ 불교의 아라한[깨달음을 얻어 다른 사람들에게 공경받을 사람]에서 가져온 용어로 낮고 넓은 잔입니다.

④ 직구배│直口杯│ 통형이라고도 하며 일자로 올라간 직선을 가지고 있는 형태입니다.

⑤ 안항배│案缸杯│ 전체적인 모양이 항아리 형태를 하고 있습니다.

⑥ 규변배│葵边杯│ 해바라기의 꽃 형태입니다. 잔받침이 세트로 있는 경우 받침도 꽃모양입니다.

잔
盞

⑦ 이배 耳杯 귀가 달린 잔으로 귀가 하나인 경우도 있고 두 개인 경우도 있습니다. 두 개인 경우 양이잔이라고 합니다.

⑧ 두립배 斗笠杯 삿갓 형태입니다.

⑨ 고족배 高足杯 발이 높은 형태로 마상배라고도 합니다. 유리나 금속으로 만든 잔 중에 고블렛잔이 있습니다.

⑩ 팔각잔 八角盞 여덟 개의 각이 있는 잔의 형태로 각에 따라 육방배, 육각잔, 팔각잔 등의 이름을 붙입니다.

차 호

차
호
茶
壺

이제 차호|茶壺|, 찻주전자가 들려주는 이야기를 들어볼까요?

차를 우리는 과정에서 평안을 찾을 수도 있고 아름다움과 재미를 느낄 수도 있습니다. 차를 우려내는 것을 '놀이'의 개념으로 좋아할 수도 있겠습니다. 그런 경우 보다 다양한 차호를 사용할 수 있어요

차호의 많은 부분이 차에 영향을 줍니다. 찻잎을 관찰하듯 차호도 관찰한다면 차를 더 잘 우릴 수 있어요. 여러 작가의 각기 다른 차호를 사용하면서 늘 같은 방식으로 우릴 수는 없습니다. 우러난 차탕이 부리[물대]로 나오는 출수의 속도가 빠르거나 느린 호는 우리는 시간이 다를 수밖에 없어요. 출수를 문제 삼기보다 각각에 맞는 방법으로 차를 우리면 됩니다. 출수가 느린 호는 찻잎을 평소보다 조금 적게 넣거나, 차호에서 좀 더 일찍 차를 따르면 됩니다. 큰 찻잎을 우릴 때는 찻잎이 차호 안에서 충분히 펼쳐지는 크기의 호가 좋다고 생각합니다. 차의 맛과 향을 온전히 느끼고 싶다면 저는 너무 작은 호보다는 찻잎이 5g 정도는 들어갈 수 있는 크기를 추천합니다.

차호가 작은 용량이어서 또는 입구[구연부]가 너무 좁아 커다란 백모단 백차 잎을 넣을 수가 없어 차호를 새로 사야 한다는 분들을 종종 봅니다. 그럴 때마다 커다란 백차 잎을 반으로 잘라서 갖고 계신 차호에 넣으시라 권합니다. 대신 온전한 잎에 비해 한두 번 잘린 잎은 물을 부었을 때 절단된 면으로 더 빠른 속도로 차가 우러나게 되니, 우리는 시간을 조금 더 짧게 하시라 말씀드렸어요. 맛에 미묘한 차이가 있을 수는 있지만, 아주 집중해야 느낄 수 있는 정도이니 가지고 있는 것들을 잘 사용하는 것이 좋다고 생각합니다.

예전에는 차를 우리거나 끓이는 용도에 따라 이름을 달리 하기도 하고, 몸통의 뒤쪽에 귀처럼 생긴 고리형 손잡이가 있는 것을 차호[또는 후파형|後把型| 다관|茶罐|], 손잡이의 위치에 따라 위 손잡이 다관[상파형|上把型| 다관], 옆 손잡이 다관[횡파형|橫把型| 다관] 등으로 부른 것 같지만, 요즘은 다관|茶罐|과 차호|茶壺|를 구별 없이 사용하는 추세인 듯합니다. 이 책에서는 차호로 통일하였습니다.

차
호
茶
壺

자사호는 중국 강소성 의흥 宜兴 에서 명나라 중기 이후 만들어지기 시작했습니다. 공춘 供春 이라는 사람이 처음으로 자신이 만든 호에 서명을 넣어 만들면서, 만든 사람의 낙관을 넣는 것이 전통이 되었습니다. 진흙이 아닌 자사 紫沙 라는 광석으로 만들며 사용하는 광석에 따라 자주색, 붉은색, 노란색 등 다양한 색이 있습니다. 고온에 구운 자기는 견고하고 단단하여 차의 향을 잘 나게 하지만 보온성이 떨어지고, 자기보다 비교적 낮은 온도에 구운 도기는 보온성은 좋지만 향을 잘 흡수합니다. 자사호는 자기와 도기의 장단점을 모두 취하여 차를 하는 사람들이 편애하는 도구입니다.

사진의 자사호는 골동 이형호입니다. 과일 배 梨 와 같은 형태라 하여 이형호라는 이름을 가졌습니다. 제 손에 오기 전, 이미 누군가가 정성껏 양호를 하여 표면은 반질반질 붉은 광이 돌고 빛이 납니다. 힘있게 솟은 부리는 자세히 보면 그 직선 속 곡선의 볼륨이 살짝 다시 보입니다. 귀를 닮은 얇은 손잡이는 날렵하여 전체적으로 조화로운 모습의 이형호입니다. 제가 가진 이형호 중 제일 잘생겼습니다.

○○○○○○○○○

양호한다는 말이 생소한 분들이 계실 거에요. 자사호는 사용하며 '호를 길러준다'라고 하여 양호 養壺 라는 단어를 사용합니다. 잘 양호한 자사호는 새 자사호보다 훨씬 비싸게 팔리기도 하는데, 차를 우리면 우릴수록 자연스러운 광이 표면에 생깁니다. 이 광을 좀 더 빨리 얻기 위해, 윤차한 차탕을 자사호에 부어 보온력도 높이면서 찻물이 호의 표면에 흐르도록 하거나, 양호필 筆 이라고도 하는 일종의 붓으로 찻물을 자사호 표면에 발라 가며 사용하기도 합니다. 마지막에는 뜨거운 물을 안팎으로 부어 주거나 건조한 후 따뜻한 물을 적신 수건으로 잘 닦습니다. 이런 과정을 반복하며 오래 양호하여 사용한 자사호는 고유의 광택을 갖게 됩니다.

차
호
茶
壺

림봉희 林逢熙 작가의 차호입니다. 작가께서는 대만, 화련의 깊은 시골에서 작업하고 있으며 수많은 도자전에서 최우수상을 받았어요. 자연의 움직임, 자연의 색을 관찰하며 송대 도자기의 단순하고 느린 미학을 이어갑니다. 작가께서 만드는 차호의 연약한 듯 우아한 손잡이는 생각보다 사용하기 편안하고 가벼우면서도 정교한 뚜껑은 중심에서부터 내려오는 선이 편안하면서도 아름다워요. 림봉희 작가의 다도구는 비율과 균형미도 좋지만, 색이 너무 아름답습니다. 안과 밖 모두 입힌 유약은 고온에 오랜 시간 소성하여 거의 투명하게 녹아듭니다. 하나의 색 안에 미묘한 수많은 색이 있어요. 모두 자연에서 볼 수 있는 그림입니다. 작가께서 만든 다구를 보고 있으면 그가 말하는 '소란스러운 후의 고요함'에 대해 생각하게 됩니다.

작가의 호를 오래전 처음 보았을 때 너무 마음에 들었지만, 높은 금액이 부담이 되어 구입하지는 못했습니다. 그 뒤로 매해 보기만 하다, 처음 본 이후 3년여 만에 구입하게 된 차호를 사용하면서 그만 반해 버렸습니다. 뚜껑을 들어 올릴 때의 감각, 그리고 물을 가득 채운 차호 위로 다시 뚜껑을 내릴 때 물과 닿는 그 순간의 감각이 너무 좋습니다. 특히 뚜껑 꼭지 안쪽에 작은 홈이 패 있는데요, 그 부분으로 향이 모여서 차를 마시는 내내 뚜껑을 손에 쥐고 향을 맡게 됩니다. 손잡이 아래쪽 끝에 맺힌 한 방울의 유약은 차를 우리는 내내 웃음 짓게 하는 아름다운 포인트입니다.

차호 안쪽 바닥의 미세한 균열 사이로 차심이 들기 시작했습니다. 저는 이 호에 주로 대만 고산오룡차를 즐겨 우립니다. 은은하고 맑은 푸른 빛은 고산오룡의 향을 닮았고 손잡이 끝에 방울진 유약 한 방울은 고산오룡의 잎과 닮았습니다. 리산이나 복수산 오룡차를 넣고 조금 진하게 우려냅니다. 맑은 차탕을 마시는 내내 한 손에 뚜껑을 쥐고 뚜껑 안 작은 홈에서 나는, 마치 버터를 볶는 듯한 달콤한 향기를 끝없이 맡습니다.

차호
茶壺

조장현 작가의 2022년 전시에서 구입한 차호입니다. 심플한 형태의 차호지만, 하나의 차호가 청자의 여러 가지 색을 함께 가지고 있습니다. 깊고 얕은 물에서의, 빛에 따라 변화하는 수많은 초록빛은 수채화처럼 투명해 보이기도 하고 유화처럼 두꺼워 보이기도 합니다. 손잡이의 작은 돌기들은 아름답기도 하지만, 이는 차를 우릴 때 손이 미끄러지지 않는 놀라운 기능도 가지고 있습니다.

조장현 작가의 차호들은 단공입니다. 찻잎에서 우러난 차탕이 여러 개의 구멍으로 쪼개져 일어나는 변화를 원하지 않습니다. 아름답고 섬세하며 차를 우리는 모든 순간을 배려하면서도 자기만의 개성을 가지고 있습니다.

단공이 무엇일까 궁금하신 분이 계실 거예요. 차호의 안쪽을 자세히 관찰하면 출수하는 부리 안쪽이 하나의 구멍으로 된 것이 있습니다. 그것을 단공 單孔 이라고 합니다. 요즘의 차호들은 필터, 거름망의 역할을 위해 여러 개의 작은 구멍을 뚫는 방식을 취하고, 또 더 빠르고 시원한 출수를 위해 안쪽에 튀어나온 공 같은 형태의 거름망을 붙이기도 하는데요. 예전의 호들은 기술적인 문제로 단공으로 제작된 것이 많고, 현대로 오며 작법이나 도구가 발달하면서 찻잎이 구멍을 막거나 빠져나오지 않게끔 여러 개의 구멍을 뚫는 형태로 제작하게 됩니다. 커다란 찻잎이 입구를 막아 출수가 되지 않을 때 차침 茶針 이라는 뾰족한 도구를 사용하여 뚫어 주며 사용하기도 하고, 오래된 차호의 단공이 불편하다 하여 내부에 철망을 끼워 사용하는 경우도 있습니다.

작법이 발달한 지금에 와서 단공이냐 아니냐는 기술적인 문제는 아닙니다. 여러 개의 구멍을 뚫는 방식을 취할 때는 차호의 형태에 더 많은 제한이 생깁니다. 단공을 선택하면 조형적으로 좀 더 자유로울 수 있어 작가는 더 많은 것을 표현할 수 있다고 생각합니다. 간혹 찻잎이 출수구를 막을 때, 차침으로 뚫어주는 것이 저는 전혀 번거롭지 않습니다. 편리성만을 생각하기에는 차를 우리는 과정에서 느낄 수 있는 세밀한 아름다움이 너무나 많습니다.

차
호
茶
壺

괴량영 蒯良榮 작가의 주니 서시호입니다. 중국의 4대 미녀인 서시 西施 의 가슴 모양에서 유래했다 하여 서시유호 西施乳壺 라는 이름을 가지고 있지만, 요즘은 서시호라고 부릅니다. 주니 朱泥 라는 수축율이 아주 높은 자사니료 紫沙泥料 로 만들었기에, 호의 표면에 소성될 때 줄어든 흔적의 주름들이 그대로 보입니다. 개인적인 선호지만 저는 서시호의 경우, 뚜껑의 선과 몸체의 선이 하나로 이어지는 것을 좋아합니다. 서시호 중 많은 경우 뚜껑이 몸체 밖으로 좀 더 튀어나와 있습니다. 이런 경우 뚜껑의 가장자리가 날렵하지 않고 둔탁하기 때문에 덜 깨지고 이도 덜 나가지만, 수리하는 일이 발생하더라도 저는 날렵하게 하나의 선으로 이어지는 서시호가 좋습니다. 괴량영 작가의 이 서시호는 앙증맞은 크기에 선이 유려하고 귀와 부리의 모양도 조화롭습니다. 사용된 주니의 색과 수축된 질감도 너무 아름답고요.

1950년생인 작가께서는 1986년부터 자사호를 만들었고 1998년 개인 공방을 열어 작업하고 있습니다. 사실 그는 좀 특이한 갈색의 호로 유명합니다. 1,300도의 고온으로 여러 번 소성하며 일어나는 변화를 관찰하여 여섯 번까지 소성하기도 하는데, 그 고온을 견디기 위해 여러 자사니료를 수년 간의 경험을 통한 적정 비율로 배합합니다. 여러 가지 니료를 배합하여 고온에 여러 번 소성한 자사호는 특이한 갈색을 띠고 있어요. 첫 개호를 할 때 찬물로 개호를 하라던 작가의 말이 기억납니다. 그렇게 만들어진 자사호는 보이차를 우렸을 때 단맛이 특히 잘 드러나 즐겨 사용하고 있습니다.

차호
茶壺

이 책의 다른 페이지에서 다시 소개될 괴량영 작가의 호가 하나 더 있습니다. 엄마가 아껴 사용하는 호인데요. 오래 아껴 온 덕분에 양호가 잘 된 호를 직접 의흥으로 가져갔었어요. 작가께서 많이 기뻐했습니다. 그 후 실수로 뚜껑이 산산조각이 나는 일이 있었어요. 킨츠기로 수리조차 할 수 없는 상태였는데 다행히 작가께서 뚜껑만을 다시 만들어 주셨어요. 아주 특이한 느낌의 호가 탄생했습니다. 양호가 잘 되어 윤기도 색감도 더욱 짙어진 몸체에 더불어, 새로 만든 좀 더 밝은색의 뚜껑이 더해진 호가 되었습니다

한동안 작가께서는 작업을 하지 못했습니다. 2017년 의흥을 방문했을 땐, 큰 수술을 하고는 건강이 많이 안 좋아져 더 이상 작업이 어렵다고 했어요. 마지막으로 뵈었을 때 오래전 만든 호들을 보여 주셨는데, 그 호들을 저는 전부 샀습니다. 그 가운데 이 서시호가 있었습니다. 다시 작가께 주문할 수 없는 호라고 생각하니 슬퍼져 한동안 박스 깊이 담아두기만 하다가 지금은 박스를 열고 꺼내어 사용하기 시작했습니다. 열심히, 즐겁게 사용해서 다음번 의흥에 갈 때 아주 양호가 잘 된 호로 가져가서 작가께 보여주고 싶습니다.

이 글을 쓰다 말고 작가의 아내 분과 오랜만에 이야기를 나누었는데, 작가께서 조금씩 다시 작업을 하고 있다는 기쁜 소식을 들었습니다. 잘 양호한 이 호를 들고 의흥에 가서 보여드리고, 작가의 새로운 작업을 볼 수 있는 날을 기다려 봅니다.

차호
茶壺

흰 백 白 에도 여러 가지의 白 이 있어요. 눈 같은 설백, 생명의 젖 같은 유백, 푸른 새벽 같은 청백, 흐린 하늘의 회백, 눈에 반사되어 차고 시린 빛을 가진 백, 말랑하고 부드러운 느낌의 백, 흐르는 시냇물 같은 시원하고 차가운 백…

김동준 작가께서 만든 차호의 백색은 특별합니다. 묵직한 느낌의 백색, 시간을 담고 있을 것 같은 백색, 시원하고 명료한 선비의 백색, 차가운 시냇물 같기도, 맑은 가을 하늘 같기도 한 백색입니다. 차호 자체도 무게감이 있는 편이고 뚜껑의 굽은 거의 2cm가량으로 길고 묵직해서 뚜껑을 열 때는 마치 검집에서 스르르 굉장한 검을 뽑는 느낌입니다. 여기에 봄바람 같은 햇우전을 우립니다. 청량한 시냇물에서 푸른 단맛이 느껴집니다. 오래 사용하며 유약을 바르지 않은 부분에 찻물이 들기 시작했습니다. 김동준 작가의 백색 차호는 무언가 생각이 많은 차호 같습니다.

부딪혀 깨진 부리 부분을 킨츠기로 수리해 사용하고 있어요. 청백의 호는 왠지 금보다는 은으로 수리하면 더 어울릴 것 같았습니다. 산수화에서는 2018년도부터 오사카의 찻집이자 갤러리인 +Wad를 운영하고 있는 고바야시 타케히로 小林剛人 선생님을 모시고 킨츠기 수업을 진행해 왔습니다. 지금은 코로나로 출입국이 어려워지며 잠시 중단한 상태이지만, 수업을 통해 참으로 많은 것들을 배우고 귀한 인연들을 만날 수 있었습니다. 김동준 작가의 호를 바로 첫 킨츠기 수업을 통해 수리했습니다. 저의 첫 킨츠기 작업이기도 해서 더 애정을 갖고 보게 됩니다.

차호 茶壺

자사호는 중국 강소성 江蘇省 의흥 宜興에서 만들어지는 오랜 역사를 지닌 차호입니다. 흙이 아닌 자사 紫沙라는 광석을 갈고 물에 가라앉혀 침전되는 고운 태토로 만들며 유약을 따로 바르지 않고 태토가 소성되며 고유의 색으로 발색합니다. 고령토, 석영, 운모, 철분 등 다양한 광물질이 포함되어 견고하고 급격한 온도변화에 강합니다. 미세한 공극이 있어 통기성이 좋으며 열전도율이 낮아 쉽게 식지 않기에 차를 즐기는 이들에게 널리 사용되고 있습니다. 광석의 종류에 따라 자주색, 붉은색, 녹색, 노란색 등을 띕니다. 오랜 역사만큼 현대 차호에도 많은 영향을 주는 고전적인 자사호의 형태들이 있습니다.

이형호 梨形壺 과일 배 梨와 같은 형태로 오래전부터 이미 유명하여 청대부터 제작했습니다. (▶ 107쪽)

① 수평호 水平壺 청말 민국시기에 처음 나타나 점차 완성된 형태로 차호, 부리 그리고 구멍의 끝점과 몸의 입구가 하나의 수평선을 이루며 물에 띄웠을 때 수평을 유지한다고 하여 수평호라고 합니다. 바닥에 발이 3개가 달린 삼족수평호 三足水平壺 등 변형 수평호도 있습니다.

서시호 西施壺 중국 4대미녀 중 한 명인 서시의 가슴 모양이라 하여 서시유호 西施乳壺라고 불렀다가 요즘은 서시호라 부르고 있습니다. (▶ 113쪽)

② 공춘호 供春壺 명대 공춘이 만들기 시작했다는 호로 오래된 나무껍질을 관찰하여 자연을 담아낸 호입니다. 뚜껑의 꼭지가 영지버섯 같은 형태도 있고, 호박 꼭지 같은 형태도 있습니다.

③ 석표호 石瓢壺 형태의 기원에 관한 이야기는 여러 가지가 있으며 전체적으로 삼각형의 형태를 가지고 있습니다. 삼각의 형태가 완만하게 예쁜 자야석표, 삼각의 형태가 곡선을 가진 경주석표, 출수구가 우아하게 휘어진 한당석표, 키가 작은 왜석표 등이 있습니다.

④ 철구호 掇球壺 연결된다는 의미로 쓰인 '철 掇', 차호의 몸에서는 여러 개의 '구 球' 형'을 찾아낼 수 있습니다. 차호 몸통이 제일 큰 구체이고 뚜껑과 부리 부분, 손잡이 부분과 몸통의 연결에서도 구체를 찾을 수 있습니다. 소대형의 철구호, 목이 좀 더 올라오는 소우정의 우정철구, 현대로 와 각을 넣어 만든 육방철구호 등 다양한 모양이 있습니다.

차
호
茶
壺

⑤ 남과호 南瓜壺 자연의 형태인 호박을 본떠 만들었습니다.

⑥ 보춘호 報春壺 봄이 오는 것을 알리는 호라는 의미로 매화의 꽃과 나무를 형상화합니다.

⑦ 종호 鐘壺 종 모양의 호입니다.

⑧ 원국호 圓菊壺 전체적으로 국화의 형태입니다. 호의 입구 壺口 가 꽃 모양인 것도 있고 그냥 원형인 것도 있는데, 꽃 모양인 경우 수축율이 높은 주니로 만들기엔 어려워 주니가 아닌 홍니가 많습니다.

⑨ 선원호 线圓壺 가운데 선이 있는 호입니다. 윗부분과 아랫부분을 반으로 나누어 만든 후 붙여 만든, 외형이 살짝 다른 합환호 合歡壺 도 있습니다.

⑩ 육방호 六方壺 몸통이 여섯 면으로 이루어져 있습니다. 사각의 면으로 된 사방호 四方壺 도 있습니다.

개완

개
완
蓋
碗

개완[蓋碗]은 말 그대로 뚜껑이 있는 그릇이라는 뜻입니다. 차를 우리기도, 마시기도 하는 도구로 사용할 수 있습니다. 잔 없이 개완에서 바로 다시는 도구로 사용할 땐 너무 뜨겁게 마시는 차보다는 한 김 식혀 마시는 차가 좋겠습니다. 무이암차보다는 녹차가 좋겠지요.

개완의 옆선이 날렵하게 옆으로 빠져 있으면 뜨거운 물을 담고도 손끝으로 전달되는 뜨거움이 덜해서 사용하기 편리합니다. 개완의 옆선이 직선에 가까운 경우에는 구연부까지 전달된 열이 잘 식지 않습니다. 이럴 땐 물을 조금 덜 채우거나 개완을 잡는 방법을 달리해 보는 것도 방법입니다. 찻잎을 관찰하듯 다구를 관찰하며 덜 뜨거운 곳(개완 뚜껑의 꼭지, 날렵한 구연부, 개완 바닥의 굽)을 찾아내어 그 부분을 이용하는 거지요. 보통 개완의 날과 뚜껑의 꼭지를 고정하여 잡지만, 옆선이 직선에 가까운 경우에는 개완의 날 대신 굽과 뚜껑의 꼭지를 고정하여 잡을 수도 있습니다.

구연부가 너무 두껍다면 첫 탕은 그런대로 우려낼 수 있어도 두 번째, 세 번째 열탕을 부을 때쯤 너무 뜨거워진 개완을 잡을 수 없을지도 모릅니다. 특히나 더운 여름이라면요. 뚜껑과 몸통을 살짝 부딪혔을 때 '쨍' 하고 맑은 종소리가 나면서 표면이 매끄럽게 반짝이는 자기[瓷器] 재질의 개완이라면 차의 예리한 향을 더 많이 느끼실 수도 있습니다. 자기로 된 개완은 차의 장점만이 아니라 단점까지 모두 보여주기 때문에 차의 등급을 판단하는 등 심평에서도 사용합니다. 반면 자기 재질이 아닌 개완이라면 흙의 성질과 유약에 따라 차의 맛과 향에 조금씩 영향을 줄 수도 있습니다. 향을 잘 내게 할 수도 있고 그 반대의 경우일 수도 있겠지요.

개완
蓋碗

이 개완은 아무런 장식도 그림도 없는, 그냥 백색의 개완입니다. 그런데 자세히 보면 뚜껑 꼭지 안쪽을 한 번 더 깎고, 개완 몸체의 바닥도 안으로 한 번 더 깎아 거친 표면을 안으로 숨겼어요. 보통 기물을 가마에 구울 때 가마에 닿는 부분은 유약을 바르지 않습니다. 그래서 보통 개완 뚜껑의 큰 원 가장자리와 개완 몸체의 바닥은 거친 표면으로 남게 되고, 사용하며 색이 조금씩 물드는 것을 볼 수 있어요.

하지만 이 개완은 전부 보이지 않는 면들을 한 번씩 더 깎아 냈습니다. 비싸게 팔리는 아름다운 그림이 있는 개완도 아닌, 흔하디 흔한 이런 백개완은 보통 이렇게 손이 많이 가게 만들지는 않습니다. 이 개완은 과연 어떤 사연으로 이렇듯 정교하게 만들어졌을까요?

이 개완은 90년대, 중국이 국영으로 공장을 운영하며 기물을 만들어 내던 시기에 생산되었기 때문에 가능하지 않았나 싶어요. 국영 공장은 훌륭한 재료와 공인들로 좋은 제품을 많이 생산했었습니다. 후기로 가며 점차 상황이 어려워지고 품질도 떨어지다가 지금은 없어졌지요. 어떤 기물은 그 당시의 상황을 상상하게 합니다. 지금 이 개완도 그렇습니다.

개
완
蓋
碗

조장현 작가의 낮은 개완입니다. 처음 보았을 때부터 녹차를 우리고 싶었습니다. 완의 구연부는 얇고 섬세하게 빠져 있으며, 질감은 살짝 거친 느낌으로 손끝에서 미끄러지지 않아 편안히 잡을 수 있습니다. 조그마한 뚜껑 꼭지는 그 자체로 피어나는 꽃 같기도 하고, 조금 멀리 시선을 두고 보면 개완 뚜껑 전체가 꽃입니다. 모란꽃 같기도 한 개완 뚜껑의 한가운데 꼭지는 작은 씨방처럼 보입니다. 이 개완 뚜껑의 꼭지를 볼 때마다 그 씨방에서부터 반짝이는 초록빛 꽃가루들이 가득 차고 흘러나와 개완 뚜껑의 곡선을 타고 흘러나오는 것 같다고 생각했어요

모란꽃은 부귀평안 富貴平安 을 뜻하여 아름답고 풍성한 모란꽃과 잎처럼 복이 가득 들어온다고 하며 다도구에 즐겨 그리는 그림이기도 합니다. 개완의 몸통과 개완 받침 전체에 화려한 꽃잎이 가득합니다. 꽃잎의 무늬들 사이로 거친 녹황빛과 비취옥처럼 반짝이는 깊은 푸른빛이 조화롭게 어우러진 것을 볼 수 있어요.

개완의 낮고 넓은 바닥 면에 찻잎을 두고 우리곤 합니다. 녹차를 가득 넣고 아주 뜨겁지 않은 물을 넣은 후 뚜껑을 열어둔 채, 건조된 찻잎이 물을 먹으면서 돌돌 꼬여 있다 조금씩 펴지는 모습을 구경할 때도 있습니다. 구연부가 넓어 물이 빨리 식기 때문에 이 개완으로 여린 녹차를 우릴 땐 뜨거운 물을 바로 사용하기도 합니다.

개
완
蓋
碗

차를 오래 우려 본 사람이 고안한 디자인이 아닐까 싶습니다. 단순한 하얀색 개완은 몇 천 원대부터 아주 다양한 가격대가 있습니다. 사실 많은 곳에서, 흰 개완을 만들 때는 특별히 큰 정성을 들이지 않습니다. 그런데 이 개완은 아무 그림이 없는 흰색의 개완치고는 어느 정도 가격대가 있습니다. 그렇다고 작가의 작품도, 엄청난 고가의 개완도 아닙니다.

경덕진에서 만든 단단한 느낌의 이 개완은 완의 옆 날이 밖으로 날렵하게 빠져 있습니다. 아주 얇은 끝 날은 잡을 때도 안정적으로 잡히며, 여러 번 우려도 쉽게 뜨거워지지 않고 가벼워 손목에 무리가 가지도 않습니다. 차를 오래 한 차 고수에게도 편안한 친구 같고 초심자 입장도 잘 배려한, 기능에 아주 충실한 개완입니다.

초심자일 때는 괜찮았던 도구인데, 차를 오래 가까이할수록 점차 사용 빈도가 줄어들거나 더 이상 사용하지 않는 경우가 종종 있습니다. 아름다움과 기능의 충실함 사이의 간극이 커진 것일 수도 있고, 초심자일 때와 다구를 바라보는 미적인 기준이 달라졌을 수도 있고, 차를 마시는 방법이 달라졌을 수도 있다고 생각합니다.

아무런 무늬도 그림도 없지만, 기능에 충실한 개완입니다. 이런 도구도 있어야 한다고 생각해요.

개
완
蓋
碗

개완은 천지인, 세상의 구성 원리를 상징한다고도 전해집니다. 뚜껑을 하늘, 개완 받침을 땅, 그리고 완 碗 에 해당하는 몸체인 그릇을 인간이라고 본 것이지요. 가루차, 말차를 담아 차선[주로 대나무로 만들며 가루 형태의 차를 물에 잘 섞일 수 있도록 풀어주는 도구]으로 잘 섞어 그대로 마시는 그릇을 다완 茶碗 이라 하고, 뚜껑이 있는 것을 뚜껑 개 蓋 를 붙여서 개완이라고 합니다. 그렇지만 천지인을 상징하는 세 개의 구성 요소가 항상 함께 있는 것은 아니고, 받침은 없는 경우도 많습니다. 받침이 없지만 아름다운 개완 한 점을 소개해 드릴게요.

진여당은 앞서 소개해 드린 청명상하도 청화 찻잔처럼 의미가 있는 그림들을 다구에 담는데요, 오래 전 청명상하도 차호와 찻잔을 처음 보고 아주 작은 기물 안에 그렇게나 세세한 묘사가 가득한 그림을 그대로 넣었다는 점이 너무나도 신기했어요. 2016년 국립중앙박물관 〈미술 속 도시, 도시 속 미술〉 전시에서 직접 청명상하도를 볼 수 있었습니다. 국립중앙박물관 전시 후 진여당의 청명상하도 차호를 다시 보고 싶어져서 진여당 측에 문의해 보았지만, 더 이상 생산이 되지 않는다고 했어요. 진여당의 다구들은 물레를 돌리는 사람, 굽을 깎는 사람, 그림을 그리는 사람, 글씨를 쓰는 사람 등 모든 작업이 분업으로 이루어집니다. 특정 그림과 글씨들은 교수나 서예가와 계약하여 함께 작업하지만, 한정품으로서 매해 생산되지는 않습니다.

오른쪽 사진은 분채 삼우론화도 三友论画图 개완입니다. 열 개 한정으로 만들어진 개완이죠. 명대 구영 仇英 이라는 화가가 그린 〈삼우론화도〉라는 옛 명화를 입체 기물 위에 정교하고 세밀하게 담았습니다. 고풍스러운 색채도 아름답고 전체적인 기형이 품위가 있어요. 그리고 무엇보다 개완을 볼 때마다 찾게 되는 배를 타고 있는 세 명의 친구가 너무나도 정겹습니다. 찾으셨을까요?

개
완
蓋
碗

'이름의 바깥' 이라는 전시를 위해 이진선 작가께서 만든 개완입니다. 산수화에서는 낮과 밤을 합친 이름의 전시 공간 '밫'을 운영하고 있어요. 사실 이진선 작가께서는 차도구를 다루어 본 적이 별로 없고 차를 마신 경험이 많지 않았습니다. 작가께 차와 차도구에 대해 설명했고 그는 마음에 떠오른 것을 만들었습니다. 기쁘기 그지 없는 결과물이 나왔습니다.

더 이상 얇기 어려울 정도의 종이 같은 개완은 씻을 때도 조심해야 했습니다. 뜨거운 물로 예열하며 개완을 잡았을 때 손 끝의 촉감이 정말 좋았고, 아랫부분은 손으로 잡기 어려울 만큼 뜨겁지만 굴곡이 있는 개완의 구연부는 열이 흩어져서인지 전혀 뜨겁지 않았어요. 그리고 편평한 개완 뚜껑은 강력한 문향배의 역할을 했습니다. 우러난 차탕에서 단맛은 더 도드라졌습니다. 이진선 작가께서는 흙 줄을 가래떡처럼 돌돌 말아 겹겹이 쌓아 올리며 형태를 만드는 코일링 기법과 흙반죽을 꼬집듯이 만지는 핀칭 기법으로 작업하는데, 일부러 그 기법에 적합하지 않은 아주 밀도 높은 흙으로 작업을 해서 고온에 소성했다고 합니다.

개완의 내부는 찻물이 들지 않지만, 외부에서 보면 바닥과 옆면의 경계에서 찻물 자국이 조금 생겼습니다. 살짝 거친 느낌인 무광 받침에도 흔적이 조금씩 생겼고요. 앞으로 어떻게 변화할지 차를 우릴 때마다 유심히, 즐겁게 바라보게 됩니다.

〈이름의 바깥〉이라는 타이틀을 전시에 붙인 작가의 생각이 흥미로웠습니다. 대개 이름이 붙여진 것은 그 이름만큼의 값어치를 하지 못하면 무능하게 취급당하곤 하는데, 제 몫을 다하지 못하는 것 대부분은 이름이 붙지 않았더라면 더 존중받을 수도 있지 않았을까 생각하곤 했다 합니다. 다도구 전시에서 실용성만을 강조하지는 않은 도구를 만들고자 했는데, 기능에 너무나도 충실한 개완이 만들어진 우연 역시 재미있습니다.

———— 공도배 ————

공도배 公道杯

공도배. '공公평하게 도道를 나누어주는 잔杯'이라는 의미를
좋아합니다.

차를 맛있게 우리는 방법 중 지켜야 할 아주 중요한 법칙이 있습니다.
차호에서 우러난 차탕을 따라낼 때, 마지막 한 방울까지 따라내야 한다는
것이죠. 대충 따라내어 차호 안에 차탕이 남아있다면, 이야기를 나누며
차를 마시는 순간에도 차호 안에서는 계속하여 차가 우러나게 되어
아주 쓰고 떫어지게 됩니다. 그렇게 진하게 우러난 차는 맑은 물을 부어
희석해도 쉽게 사라지지 않아요.

차호의 물을 여러 명의 잔에 동일한 농도로 따르기는 쉽지 않습니다. 첫
잔은 연하고 마지막 잔은 진하기 마련이라, 차를 따를 때 잔을 가득 채우지
않고 조금씩 채우며 마지막 잔까지 따르고 다시 거꾸로 각 찻잔의 남은
부분을 채우며 첫 잔으로 돌아오는 방법이 있긴 합니다만, 역시 차호의
용량과 잔 개수를 합한 용량도 염두에 두어야 합니다.

이런 고민을 쉽게 해결해 줄 수 있는 것이 공도배입니다. 우러난 차탕을
마지막 한 방울까지 털어 공도배에 옮겨 담고 이제 그 공도배 안에 든
동일한 농도의 차탕을 사이좋게 나누어서 마시면 되지요.

한국의 차도구에는 식힘사발, 물식힘 그릇, 숙우熟盂라는 도구가
있습니다. 우전처럼 어린 녹차를 우리기 위해 끓인 물 온도를 조금 식힐 때
사용하기도 하고, 공도배처럼 우러난 차탕을 잔으로 옮길 때 사용하기도
합니다. 다해茶海라는 이름도 있습니다. 역할은 공도배와 같은데,
'차의 바다'라는 이름 뜻이 예쁩니다. 다해는 대만에서 많이 사용하는
용어입니다.

공도배는 사용하는 차호의 차탕을 모두 담아야 해서 차호와 용량을 맞추는
경우가 많습니다. 큰 차호이는 큰 공도배를, 작은 차호에는 작은 공도배를
사용합니다.

공도배 公道杯

사실 저는 차호의 용량과 공도배의 용량을 꼭 맞추지는 않습니다. 큰 차호에 작은 공도배 여러 개를 동시에 사용하기도 하고 작은 차호에 웅장한 느낌의 큰 공도배를 사용하기도 합니다. 가지고 있는 차호의 용량보다 사람이 많을 때는 두 번 우린 것을 공도배를 이용하여 농도를 맞추어 내어도 됩니다. 용량이 큰 공도배에 얼음을 가득 넣고 차호의 차탕을 그 위로 따르기도 합니다. 중국에서는 습하고 더운 여름날 큰 공도배에 끓는 물을 가득 담아, 작은 잔들을 한 번씩 담가 열탕소독 하여 사용하기도 합니다.

저는 하나의 차호에 여러 개의 공도배를 사용하는 것을 즐깁니다. 사진의 공도배는 대만에서 구입했어요. 대만에서 디자인하고 중국 경덕진에 주문 제작한 공도배입니다. 110ml 용량의 작은 공도배이지만 저는 큰 차호에 여러 개를 같이 사용하기도 하고, 작은 차호와 쓰기도 합니다.

무이암차를 우릴 때, 이 작은 공도배와 비슷한 크기의 개완이나 차호를 꺼냅니다. 공도배에 뜨거운 물을 담아 충분히 예열합니다. 세 개의 공도배를 함께 사용하는데, 하나는 문향배로 쓰고 하나는 첫 탕을 담아두고, 마지막 하나에 두 번째 우려낸 차탕부터 담아 잔에 나누어 마십니다.

첫번째의 공도배를 따뜻하게 예열한 후 우러난 첫 탕을 담아 잠시 두었다가 두 번째 공도배로 옮겨 담고, 여전히 따뜻하지만 비워진 첫 번째 공도배에 코를 대고 한참을 무이암차 향을 즐깁니다. 깊고 큰 문향배의 역할을 하는 공도배에서는 시간 간격을 두며 연속하여 계속 향을 맡습니다. 처음에는 수증기가 올라오며 별 향이 나지 않는 듯하다가 이내 그윽한 차향이 나기 시작하고 또 몇 초 뒤에는 달콤한 화과향이, 그리고 뒤이어 들큰한 단향이 남습니다.

첫 탕을 옮겨둔 두 번째 공도배는 그대로 두고, 세 번째 공도배에 두 번째 우러난 차탕을 담습니다. 여러 번 우려낸 차를 세 번째 공도배로 마시다가 차의 맛과 향이 희미해질 즈음, 두 번째 공도배로 옮겨 두었던 '첫 탕'을 다시 마셔 봅니다.

공
도
배
公
道
杯

저에게 차는 일상이고 매일이고 매 순간이라 늘 같은 도구를 사용하기보다 여러 다구를 사용합니다. 찻자리는 쉼이 되기도 하고 놀이가 되기도 하고 그림과 예술이 되기도 합니다. 이 공도배의 푸른색과 노란색, 그리고 회색과 보라색의 조화가 너무 좋았어요.

사진은 대만의 림봉희 林逢熙 작가께서 만든 공도배입니다. 그는 언제나 자연에서 영감을 받습니다. 한적한 시골, 자연 속에서 사계절을 보내며 계절마다 달라지는 바람과 구름, 꽃과 풀잎의 미묘한 변화를 관찰합니다. 그리고 미묘한 자연의 변화에서 오는 감동을 도자기에 아름답게 담아냅니다.

오래 아껴 여러 번 사용하는 동안 새로운 색 하나가 더 생겼습니다. 출수 부분을 타고 흐르는 찻물이 겹치고 겹쳐 생겨난 라인입니다. 차와 시간과 제가 함께 만들어낸 색깔입니다. 작가께서는 그 컬러까지 예상하고 만들었을까요? 차를 따르고 또 따르는 동안 스며든 갈색은 공도배의 전체적인 색감과 함께 어우러져 더욱 아름답게 보입니다.

공
도
배
公
道
杯

조장현 작가의 공도배입니다. '밫'에서 두번째 전시를 위해 작업실에
방문한 날 이 공도배를 처음 보았습니다. 처음 보았을 때는 이상하게
생겼다고 생각했어요. 우심방 좌심실도 생각나고 외계인도 생각났습니다.
전시 포스터와 홍보를 위한 사진을 찍기 위해 작가의 작품 몇 가지를
서울로 가져왔는데, 그 가운데 이 생경하게 생긴 공도배가 딸려
들어왔어요.

대단한 반전이 있었습니다. 카메라 렌즈를 통해 자세히 본 공도배의
컬러들은 너무나 아름다웠습니다. 처음 사용해 보며 차호에서 물을 따라
부을 때 상부의 커다란 원을 둘러 안으로 들어가는 소리 없는 물줄기가
정말이지 놀랍기만 했습니다. 그 아름다운 컬러 위로 소리 없이 물을
둥글게 돌려 붓기도 하고 가운데로 맑은 폭포 소리를 내며 부어 보기도
합니다. 동그란 하부는 차호에서 나온 작은 잎이나 차 가루를 모아 잔으로
나오지 않게 거름망의 역할을 해주었어요.

늘 보던 공도배와 다르게 생겨 처음에는 너무 낯설었지만, 지금은 가장
좋아하는 공도배입니다. 공도배의 물리적 기능을 물을 따르는 거라
정의한다면, 조장현 작가의 이 공도배는 그 물을 따르는 방식을 새롭게
풀어낸 기물입니다.

공
도
배
公
道
杯

차를 하는 분들이 가장 많이 사용하시는 공도배는 아마 유리 공도배일 거예요. 투명한 유리로 차탕의 색을 그대로 볼 수 있어 많은 분이 좋아합니다. 녹색, 오렌지빛, 붉은빛, 짙은 갈색까지 차를 우리며 다양한 수색을 즐길 수 있습니다. 여름에는 시원해 보여 더욱 사용하고 싶어집니다.

대부분의 유리 공도배는 손잡이가 있는데 오른쪽 사진처럼 손잡이가 없는 공도배는 뜨거워서 어떻게 잡아야 하는지 많은 분이 물어보십니다. 손으로 공도배의 몸체를 감싸며 잡으면 매우 뜨겁기 때문에 놓쳐서 깨지기 쉽고, 쏟아진 차탕에 화상을 입을 수도 있어요. 손잡이가 없는 공도배는 위에서 잡아 보셔요. 검지를 제외한 엄지와 나머지 손가락으로 윗부분인 구연부를 잡고, 잔에 따를 때는 검지로 공도배를 위에서 살짝 눌러주며 따릅니다. 그러면 뜨겁지 않게 잘 따를 수 있어요.

뾰족하고 길게 빠진 부리 부분은 한 방울 한 방울 조절하며 차탕을 따를 수 있어요. 재미난 형태에 과하지 않은 물방울 흔적은 차탕을 담았을 때 시각적인 즐거움도 줍니다. 손안에 들어오는 크기이면서도 용량이 꽤 넉넉하여 즐겨 사용합니다.

호승

호승호승

차호 아래에 받쳐 사용하는 도구를 이야기해볼까요? 차호에 물을 넣고 찻잎을 우려내다 보면 물대[嘴]의 끝에서 찻물이 흘러나오기도 하고 차호 윗부분에서 물이 넘치기도 합니다. 테이블에 물을 흘리지 않으려면 받침의 역할을 하는 도구가 필요한데요, 이름은 다르지만 차판 혹은 호승[壺承], 다관받침, 다선[茶船]이 바로 그런 도구입니다.

아주 중요할 거 같지만, 아예 사용하지 않기도 합니다. 탁자위에 차호 하나만을 두고 한 방울의 흘림도 없이 정교하게 우릴 수도 있어요.

차를 우리는 방식이 크게 습식과 건식이 있다고 하면, 습식은 차판 아래에 물받이 통이 있거나 호스가 연결되어 있어 물의 사용이 자유롭습니다. 대표적으로 전목차판이 있고, 대나무, 돌, 옥 등 다양한 소재로 만든 차판이 있어요. 습식은 물의 사용이 자유로운 것이 가장 큰 장점이며, 물의 사용이 자유롭다는 것은 곧 차의 우림이 자유롭다는 의미입니다. 가끔 다도의 형식에 지칠 때, 습식 차판의 자유로운 차 우림법을 보고 중국차를 마시게 되었다는 분도 있어요.

건식은 차호 아래 작은 그릇[호승]을 하나 두고 차호에서 흐르는 물을 조금만 담을 수 있습니다. 윤차나 차호를 씻은 물을 처리하려면 퇴수기[버림통]라고 하는, 물을 버리는 그릇을 따로 두어야 합니다. 건식의 가장 큰 장점은 공간을 작게 차지하고 분위기에 따라 찻자리의 위치와 모습을 자유롭게 디자인하며 바꿀 수 있습니다. 찻자리 주인의 취향을 마음껏 드러내기에도 좋습니다.

호승 壺承

이 기물을 처음 보았을 때, 호승이라는 이름을 붙일 수 있는 도구라고 생각지 못했어요. 어떤 이름의 도구에 넣어야 할지, 컬렉터나 손님들께 어떤 용도의 도구로 설명해야 할지 잠시 고민에 빠졌지요. 몇 번을 가지고 '놀다' 보니 이 도구의 쓰임이 얼마나 많은지 알게 되었습니다. 혼자서 오브제처럼 존재하기도 하지만 이 위에 호를 올려두거나 잔을 올려두어 받침으로 사용하니 호와 잔이 더욱 특별해졌어요. 접시 같은 호승을 사용하다 보면 차호에서 조금씩 넘치는 물로 인해 차호 바닥에 물이 묻어 공도배로 옮기기 전에 차호를 다건에 살짝 받혀 옮기곤 하는데, 접시 같은 호승 안에 넣어 '호승 안의 호승, 호승 위의 호승'으로 두고 사용하니, 차호의 바닥 면에 물이 묻지 않아 편리했어요.

머릿속에서 차판을 떠올리면 습식 차판은 사각의 나무나 커다란 옥이나 돌로 된 모습으로, 건식 호승이라면 동그란 접시 형태라고 상상하게 됩니다. 사실 차호의 받침은 작건 크건 차를 우릴 때 나오는 물을 받아 테이블 등을 보호하는 기능을 가지고 있는데, 차를 우리는 스타일에 따라서 흘러나오는 물이 거의 없을 수도, 아주 많을 수도 있어요. 그러니 차판이나 호승이 꼭 이래야 한다는 생각에 크게 얽매이지는 않으셨으면 해요.

늘 보던 형태가 아니어도 도구의 '기능'을 이해하면 어떻게 사용할지 재미있게 접근할 수 있고 차 생활은 더 즐거워집니다.

호
승
壺
承

주석으로 만든 호승입니다. 만들어진 시기는 정확히 알지 못해요. 여러 개를 함께 구입했고 사용감이 있던 것도, 없던 것도 있었습니다. 지금은 모두 판매하고 사각형의 형태와 사진의 꽃 모양의 형태 두 가지가 저에게 남았습니다.

습식 차판처럼 물을 넉넉히 받을 수 있는 그릇이 아래에 있고 가운데에 구멍이 뚫린 뚜껑이 있습니다. 크기가 그리 크지 않아 공간을 많이 차지하지 않고 이동이 편리하지만, 적당한 용량의 물을 담을 수 있어 퇴수기가 따로 필요하지 않습니다. 습식 차판과 건식 호승의 장단점을 합친 형태라고 볼 수 있겠네요.

매화꽃의 형태를 가지고 있고, 다섯 장의 꽃잎 아래로 여러 가지 그림이 있습니다. 소나무, 대나무도 있고, 나비도 있고, 새도 있어요. 사진에는 대나무 숲 사이로 날아오르는 정겨운 참새 그림이 보입니다.

사용감이 있는 오래된 주석 호승과 골동 주석 잔받침을 꺼내어 찻자리를 만들면 마치 청나라 어디쯤으로 시간여행을 온 것 같습니다. 찻자리를 어떻게 설계하는지에 따라 차를 마시며 잠시 과거로 갈 수도, 미래 어딘가로 갈 수도 있어요.

호
승
壺
承

김동완 작가께 작품 주문을 위해 작업실을 찾아갔을 때, 50~60cm 정도의 커다란 그림 같은 유리판을 보았습니다. 가까이 갔을 때 보이는 유리 조각의 결도, 거리를 두고 멀리서 보았을 때 그 결들이 만들어내는 전체적인 느낌과 색이 너무 아름다웠습니다. 김동완 작가와 함께 작업실을 공유하고 있는 전수빈 작가의 유리 작품이었어요. 전수빈 작가와 이야기를 나누다 2019년쯤에 했던 샘플 작업을 보게 되었습니다. 투명한 유리에 색색의 컬러와 무늬가 아이들 장난처럼 박혀 있던 접시였어요.

전수빈 작가께 여름 호승을 만들고 싶다고 이야기했습니다. 크기와 깊이감, 바닥 면의 형태 등에 관해 오래 함께 이야기를 나누었어요. 차호 하나만 올려 사용할 수도, 작은 차호와 공도배, 잔 두 개를 함께 올려서 사용할 수도 있도록 만들었습니다. 작가께서는 '밫'에서 있을 〈다도구를 위한 도구〉 전시를 위해 호승 열아홉 장을 만들어 주었습니다. 열아홉 장 어느 것 하나 같은 것 없이 고유의 컬러와 무늬를 가진 멋진 유리 호승이었습니다.

여름 호승이라고 생각했는데, 막상 내 것을 하나 두고 사용해 보니 모든 계절에 사용할 수 있을 것 같았습니다. 시원한 하얀색의 여름 리넨을 아래에 두고 사용할 수도 있고, 추운 겨울날에는 몽글몽글한 양모 위에 올려 두고 차를 우려도 즐겁지 않을까요? 지금은 작가께 차호만 두고 사용할 수 있는 좀 더 귀엽고 작은 호승의 제작도 부탁드렸는데, 벌써부터 결과물이 기다려집니다.

산수화를 하며 정말 좋은 점은 만들고 싶은 다구 아이디어를 작가와 공유하며 함께 만들 수 있다는 점입니다. 이 작업이 얼마나 즐거운지요. 결과물이 좋을 때, 손님들이 좋아해 주실 때면 그날 힘들었던 일이 모두 사라지는 것 같아요.

호
승
壺
承

경덕진의 진여당 브랜드에서 만든 호승입니다. 마음에 쏙 들어 상품으로 개발해 산수화에서 판매하고 싶었습니다. 샘플 제작은 2017년이었는데, 상부면 형태의 변형과 굴곡을 표현하는 과정에서 제작에 예상치 못한 어려움이 많았어요. 차호에서 나온 물이 자연스러운 경사를 통해 상부면 뚜껑의 가운데로 모였으면 했고, 가운데 뚫린 구멍을 통해 하부에 있는 그릇으로 물이 모이게끔 상부면에 살짝 곡선을 주었는데, 그 곡선이 일정하게 나오지 않고 불량이 계속 나왔죠. 결국 아쉽게 상품으로 이어지지 못하고 샘플링 작업으로 끝난 호승입니다. 비록 불량이었지만 뚜껑의 울룩불룩한 곡선을 제가 무척 마음에 들어 하는 바람에, 진여당 샘플이 제게 선물로 돌아왔습니다.

호승과 세트처럼 잘 어울리는 이 호는 오리 그림의 청화수압호 靑花水鴨小号壺 입니다. 실제로 진여당에는 쇼룸으로 활용하는 오래된 고택 앞 냇가가 있고, 거기에 정말 이렇게 생긴 오리가 여러 마리 놀고 있었어요. 이 호는 산수화 초기 2015년에 주문 제작을 통해 판매했던 차호입니다. 모두 판매되고 지금은 첫 샘플 작업을 했던 이 호만 남았습니다. 이 호승 위로 청화수압호를 두고 사용하면 마치 호수 위로 유유자적 헤엄치는 오리를 보는 것 같기도 하고, 그리운 진여당의 모습이 떠오르기도 해요.

이 호승 위에 다양한 호를 올려 사용하는데요, 특히나 이 오리 수압호를 올려두고 차를 우려 마시면 산수화 티하우스를 운영한 지 얼마 되지 않았을 때 겪었던 크고 작은 어려움이 떠오르기도 하고, 주문 제작이 얼마나 어려운가도 다시 한 번 생각하게 됩니다. 이제는 흐뭇하게 회상할 수 있는 지난 일입니다.

호
승
壺
承

답십리 고미술 상가에서 구입한 가야 토기입니다. 보자마자 뽀얀 백자호를 올려볼까, 오래된 골동 주니호를 올려볼까 즐거운 상상을 했습니다. 둥글고 오목한 접시 형태 아래로 받침이 있는데 두 손으로 굽을 떠받쳐 들게 되는 이 토기에 차호를 올리면 마치 차호를 소중하게 감싸 존중해주는 느낌이 듭니다. 저는 작은 주니 자사호나 조장현 작가의 철화 장식이 있는 개완을 두고 사용하곤 합니다. 그 붉은색이 오래된 토기의 어두운 색과 참 잘 어울린다고 생각해요.

고미술 상가에서 토기는 비교적 합리적인 가격입니다. 고미술 상가를 다니다 보면, 토기 제기도 있지만 아름다운 백자 제기도 많이 볼 수 있습니다. 그리고 제기는 제사 지내던 물건이라는 이유로 크게 비싸지 않습니다. 제기나 부장품으로 나오는 명기에 대해 부정적인 생각을 가진 분들이 많기도 하고요. 용도보다 미술적인 관점으로만 바라보면 보이는 것들이 있습니다. 새로운 쓰임을 찾아 사용할 수도 있고요.

저는 가끔 고미술 상가에 다도구를 사러 갑니다. 오랜 벽돌이나 기왓장, 나뭇조각을 사기도 하고, 조선시대 벼루나 떡살, 실패를 사기도 합니다. 됫박이나 다듬잇돌을 사기도 하고 작은 연장을 보러 가기도 합니다. 저에게는 고미술 상가에서 만나는 모든 것이 다도구가 됩니다.

회수기

퇴수기 退水器

건식 찻자리에서는 세차, 윤차한 물을 버릴 수 있도록 퇴수기 退水器 를 따로 두어요. 퇴수기는 용도를 다한 물을 버리는 그릇입니다. 처음 차호와 찻잔 등을 데운 물을 버리기도 하고 다 우려난 찻잎을 넣기도 하고, 잔에 남은 차탕을 버리기도 하는데 물이 새지만 않으면 됩니다. 버림통이라고도 하고 토차통 吐茶桶 이라고도 합니다. 한국 차도구에서 '헹굼 그릇'은 퇴수기처럼 처음 차를 우릴 때 찻잔 등을 데운 물을 버리기도 하고, 차를 모두 마시고 난 다음 다구들을 씻을 때도 사용합니다.

다도구를 굳이 분류하라면 찻잎을 넣고 물을 부어 차를 우리는 차호나 개완 그리고 우려난 차를 마실 수 있는 잔처럼 직접적인 도구와, 그 도구를 도와주는 간접적인 도구가 있다고 이야기하곤 합니다. 직접적인 도구는 재질과 생김새가 중요합니다. 차의 맛과 향에 바로 영향을 주게 되니까요. 그에 비해 다하나 차시, 받침 등 간접적인 도구는 직접적인 도구만큼 재질이 중요하진 않습니다. 저는 그래서 이 간접적인 도구에서 많은 재미 요소를 찾곤 해요. 작가가 원래 그 용도로 만들지는 않은 다양한 것들을 가져다 쓸 수 있기도 합니다.

퇴
수
기
退
水
器

대만 출장 중 구입한 기물입니다. 덕화 지역에서 오래전에 만들었다고 들었는데, 사실 어떤 용도로 만들었는지는 모릅니다. 퇴수기로 쓰기에 너무나 적당한 크기와 형태라, 저는 그렇게 사용하고 있어요. 두 개를 구입하여 하나는 집에서 사용하고 있고 또 하나는 사용감이 없는 새것 그대로 박스에 보관하여 가지고 있었습니다. 계속 사용하고 있는 그릇에는 눈에 보이지 않던 도자기 안의 수많은 물길을 따라 어느덧 차심茶心이 깊게 들었습니다. 평면적이던 하얀 면 위로 입체적인 선들이 생기고 색이 담기고 그림이 되었습니다.

도자기에는 우리 눈에 보이지 않은 작은 금들이 있습니다. 빙열氷裂이라고도 하는데요. 도자기를 만들 때, 굽고 식히는 과정에서 흙과 유약 사이의 수축률 차이로 생깁니다. 인위적으로 만들기도 하고 우연히 나타나기도 합니다. 인위적으로 만든 게 아니라면 처음 만들었을 때 보이기도 하고, 처음에는 보이지 않다가 사용하면서 어느 순간 보이기도 하고, 아무리 오래 사용해도 나타나지 않기도 합니다.

어느 순간 차심이 들기 시작하면, 차심의 선들이 어떻게 그려질지 예측할 수 없습니다. 오래 사용하다 이렇게 아름다운 그림을 그린 차심을 바라보고 있으면 한없이 좋습니다.

오래 사용해 온 퇴수기의 내면은 빙열마다 찻물이 들어 촘촘한 거미줄처럼 새로운 무늬가 생겼습니다. 도자기에 이렇게 차의 흔적이 남는 것을 '차심茶心이 배었다'고 합니다. 차의 마음이라니. 들으면서도, 입으로 다시 말하면서도 마음에 온기가 도는 것 같습니다.

퇴
수
기
退
水
器

야노 요시노리 矢野義憲 작가의 나무 그릇입니다. 작가께서는 스웨덴에서
공부하고 현재는 일본 큐슈 이토시마에서 작업하고 있어요. 자연의 일부인
나무를 소재로 다시 자연을 표현합니다. 작가의 작품들을 보노라면 나무를
깎아 만든 것이 아니라 그냥 그대로 살아있는 자연의 한 장면 같아요.
산수화에 걸어 두었던 작가의 모빌은 손님들의 움직임에 따라 살며시
흔들리곤 했는데, 공기의 흐름을 타고 연약한 모빌이 조금씩 흔들리는
모습을 바라보는 것을 좋아했어요. 지금은 한쪽이 부서져 수리를 기다리고
있지요.

이 작가를 너무 좋아해서, 오직 이 작가의 전시를 보기 위해 전시 일정에
맞추어 일본으로 갔습니다. 태어나서 처음으로 복잡한 노선을 공부하며
기차를 타고 작은 소도시로 갔어요. 이 그릇은 아마 다완으로 만들었을
거라 짐작되는데, 금속 가루를 손으로 나무 표면에 문질러 나무에
입히는 고단한 과정을 거친 그릇입니다. 표면에 은은하지만 우아한
광택이 있어요. 저는 차를 우리는 과정이나 찻자리 그 자체의 아름다움도
좋아하지만 차의 맛 그대로를 너무 좋아하기에 차를 우리는 도구는 신중히
고릅니다. 나무의 향이 걱정되어 다완으로 사용할 자신은 없었지만,
그렇다고 외면하기에는 이 그릇이 너무나도 아름다웠어요. 어렵게 구입해
온 이 다완을 저는 퇴수기로 아주 잘 사용하고 있습니다.

어쩌면 도구의 용도는 작가보다 그것을 사용하는 자신이 정하는 게 아닌가
생각합니다. 생각의 주인도 기물에 있지 않고 나에게 있는 것처럼요.

퇴수기 退水器

사진의 작은 퇴수기는 아주 오래된 물건처럼 보입니다. 사실 이 퇴수기는 언제 구입했는지 기억이 나지 않아요. 어느 순간부터 저의 찻자리에 있었습니다. 저에게 오기 전부터 조금 험하게 사용된 듯 표면의 금속은 마모가 심하고 상부는 찌그러져 있습니다.

이 퇴수기를 볼 때면, 일부러 더 오래된 물건처럼 보이게 하기 위해 일련의 작업을 거치지 않았을까 생각하곤 합니다. 저도 이 낡은 느낌이 좋아 곁에 두고 있지만, 이 '낡아 보임'이 왜 좋을까, 이 '낡음'은 진짜일까, 혹시 의도된 것은 아닐까 생각하기도 합니다.

차를 하다 보면, 아니 차를 하지 않더라도 관심이 있다면 골동의 유혹에 빠지게 됩니다. 시간을 담고 있는 것, 안목이 필요한 것, 남들에게 없는 것, 수요와 공급의 수량이 절대로 맞아떨어질 수 없는 것. 이것이 골동이라고 생각하지만 사실 골동은 새로이 만들어지기도 한다는 생각입니다.

골동품이 품고 있는 이야기가 진짜인지, 그 골동품이 진품인지 모두 알기는 어렵다고 생각합니다. 다만 '내가' 이것을 '구입할 만큼' 좋아하는가에 좀 더 초점을 맞추어 사곤 합니다. 그 골동품의 이야기가 얼마나 매혹적인가 집중하지요. 그럴 때는 혹시 나중에 진품이 아닌 것으로 드러나더라도 덜 속상합니다. 속아서 산 것이 아니라, 내가 좋아서 산 것이니까요.

지금도 저는 이 작은 퇴수기가 언제 만들어졌는지 모릅니다. 튀지 않는 컬러와 소재가 좋고 위아래 그어진 줄무늬가 마음에 듭니다. 손님들 찻잔 사이에 두고 잔에 남은 찻잎들이나 차탕을 버리기에 딱 좋은 크기입니다.

다하

다
하
茶
荷

다하[茶荷], 혹은 차하는 우리말로는 '차보기'라고도 하며, 찻잎을 잠시 담아두는 도구입니다. 마실 차를 미리 계량하여 담아두기도 하고 손님이 오늘 마실 찻잎의 형태를 감상할 수 있도록 담아두기도 합니다. 물이 닿는 용도가 아니어서 나무, 플라스틱, 아크릴, 유리, 금속 등 여러 재료로 만들 수 있어 찻자리에 다양한 즐거움을 줄 수 있습니다.

찻잎을 담은 다하를 차호로 가져와 찻잎을 옮기는 방식은 여러 가지가 있습니다.

다하의 옆면이 아름답다면 손님이 옆면을 감상할 수 있도록 왼손에 다하를 잡고 오른손으로 차시를 잡아 차호의 구연부 위에서부터 'V'자를 그리며 찻잎을 넣을 수도 있어요. 중국 다예에서 많이 사용합니다.

다하의 아름다운 정면을 손님이 감상할 수 있도록 왼손 손바닥 안에 다하를 넣어 감싸 쥐고 정면을 손님에게 향하며 찻잎을 넣는 방법도 있습니다. 우리는 사람의 입장에서는 다하의 안을 보기 어려운 경우도 있어, 조금 불편한 자세이기도 합니다.

차호에 찻잎을 넣으면서 그 양을 조절할 때, 다하의 정면이 차를 우리는 사람을 향하도록 합니다. 오른쪽 손으로 차시를 잡아 차시의 끝으로 다하에서 찻잎을 조금씩 차호로 떨어뜨리며, 차호에 맞는 양만큼만 넣습니다. 이때는 미리 정확히 계량할 필요는 없습니다. 넉넉히 담아두었다가 우릴 만큼 넣으면 되어 차를 우리는 사람에게는 보다 편한 방법이기도 합니다.

다
하
茶
荷

대만에서 활동하는 곽시겸 郭詩謙 작가의 다하입니다. 1983년생인 작가께서는 2006년 대겸도예스튜디오를 설립하고 다도구를 포함한 여러 작업을 해오고 있어요. 젊은 나이에도 오랫동안 차 선생님을 모시고 차를 공부해온 그는 차에 대한 깊은 이해를 바탕으로 다도구를 만들고 있습니다. 여러 배합으로 작가만의 흙을 만들어오며 자연에서 얻은 흙을 사용하고 주로 장작가마로 소성합니다. 저는 작가를 그저 Peter라고 부르는데, 대만에 갈 때마다 그가 우려주는 오룡차를 마십니다.

세 조각의 면으로 이루어진 다하의 형태는 단순하지만 사용해 보면 손에 들어오는 느낌과 사용감이 너무 편리합니다. 하얀색의 다하는 어떤 찻잎의 색이든 잘 보여줍니다. 두 면의 각이 만들어내는 경사는 찻잎을 차호에 넣을 때 안정감을 줍니다.

다하는 도자기를 만드는 젊은 작가에게 있어 그리 매력적인 도구는 아닙니다. 본인의 기량을 마음껏 펼칠 수 있는 기물이 아닐 수도 있고, 더 발전하기 위한 다양한 작법을 시도하기도 마땅찮습니다. 손은 많이 가지만 제대로 값을 받기도 어려운 기물입니다. 하지만 이 다하만큼은 사용해 보고 너무 좋아 산수화에서 꼭 판매하고 싶었습니다. 더 만들어 달라고 조르고 졸라 거의 3년여 만에 다시 작가로부터 받을 수 있었습니다.

사진의 호도, 호승도 Peter가 만들었습니다. 호승에는 적당히 차심 茶心 이 들었어요. 사진에 보이지는 않지만 차호에는 장작가마에서 우연히 만들어진 스마일 눈웃음을 닮은 무늬가 있습니다. 볼 때마다 저도 함께 웃게 되는 호입니다.

다
하
茶
荷

고연산방의 목다하입니다. 고연산방 작가께서는 다하 대신 '차보기'라는 우리말을 자주 사용합니다. 오래 건조되어 뒤틀림이 적고 안정적인 소재인 고재와 한국 재래종 나무를 고집하며 섬세하게 조각합니다. 소박하기도 하고 화려하기도 한 자연의 문양들은 옆면도 아름답지만, 정면이 가장 아름답습니다. 저는 고연산방의 차보기를 사용할 때는 앞에 앉으신 손님들이 이 차보기의 아름다움을 보실 수 있도록 정면을 향하여 두고 천천히 찻잎을 차호로 넣습니다. 혼자 우릴 때는 저를 위해 방향을 반대로 돌리곤 합니다.

사진의 다하는 고연산방의 2022년 전시에서 처음 선보인 소라 다하입니다. 작가께서는 오래전 남해, 거제도 부근에서 본 소라가 마음에 들어 그림을 그려 두었는데, 2022년 작업 30주년 기념 전시를 준비하며 만든 다하입니다. 작은 점이 선과 면으로 이어지는 무한한 반복으로 소라의 형태를 만들어갑니다. 도구로 긁어 선을 만들어가는 힘든 선각 작업입니다. 작게 튀어나온 면 위로 엄지를 올려 다하를 잡으면 되는데, 다하 안에 담긴 찻잎은 소라의 나선형의 형태를 따라가며 좁은 출구로 나오게 되어 좁은 입구의 차호에도 다루 없이 편안하게 담을 수 있습니다.

다
하
茶
荷

김동완 작가의 유리 다하입니다. 유리로 된 다하를 만들고 싶어 김동완 작가를 찾았습니다. 작가께 용도와 사용하기 좋은 크기의 범위를 알려드렸습니다. 몇 주 뒤 작가께서 만들어 온 다하들은 다양했습니다. 물방울 기포가 들어간 다하, 매끈한 투명 다하, 여러 색깔의 유리 다하가 있었습니다. 어떤 것은 표면을 섬세하게 깎아 자세히 보면 수없이 많은 면과 빗살무늬가 담겨 있었습니다.

정면으로 해도 반대로 해도 좋지만, 수없이 작은 조각들이 들어간 이 투명한 다하는 우리는 사람의 편의를 위해 방향을 바꾸어 뒷면이 밖으로 향하도록 해도 왠지 앞에 있는 사람에게 미안해지지 않습니다. 투명한 듯 하얀 듯 유리 다하는 한여름에는 시원해 보여 좋고, 왠지 눈 내리는 겨울날에도 사용하고 싶습니다.

찻잎을 차호로 넣다가 발견하게 되는 작가의 작은 이니셜도 반갑습니다. 커다란 백모단 백차 잎을 담기에도 든든하고 적당한 곡선으로 찻잎을 차호로, 개완으로 쏟아 넣을 때도 좋습니다. 소건임 작가의 금속 차시와 함께 사용하는 것을 좋아하는데, 얇은 금속 차시와 유리 다하의 비슷한 듯 다른 촉감과 두 재질이 살짝 부딪혀 내는 소리가 마음에 듭니다.

다
하
茶
荷

2014년 산수화를 갓 오픈 했을 때가 떠오릅니다. 어떤 분은 찻집에 오셔서 "중국에 무슨 차가 있냐"며 그냥 나가기도 하시고, 찻집이라 하니 대추차를 찾으시는 분들이 더 많았습니다. 2018년만 해도 원하는 것을 쉽게 구입할 수 없었습니다. 다도구를 만드는 작가도 다양하지 않았습니다. 당시 인터넷을 통해 나무를 깎는 분을 발견했는데, 지금의 염동훈 작가입니다. 그때를 인연으로 지금도 목다하를 부탁드리고, 산수화 매장의 작은 테이블 제작도 부탁드렸어요. 멋진 테이블은 산수화에서 잘 사용하고 있습니다.

염동훈 작가께 목다하를 만들고 싶다고 했습니다. 아주 잘생긴 멋쟁이 작가께서는 차보다는 커피를 즐겨 드시는 분이셨는데, 차도구인 다하의 용도를 설명 드리고 샘플 제작을 요청했습니다. "더 얇게! 더 얇게!"를 외치며 작가를 괴롭힌 끝에 나온 다하입니다. 시작은 제가 했지만, 작가의 손을 거치며 디테일이 잡히고 여러 수종의 나무로 다양한 컬러와 무늬를 가진 아름다운 다하가 탄생했습니다. 저는 그 중 특히 먹감나무로 만든 다하를 좋아합니다.

사진에서는 잘 보이지 않지만, 사진의 다하는 선명한 먹이 지나는 선이 없이 옅게 흐려져 수묵화 같은 느낌의 먹감다하입니다.

의미를
더해 주는
도구들

의미를 더해주는 도구들

없어도 차를 우리는 데 문제는 없지만 다른 다도구를 편리하게 사용하게 돕는, 소위 '다도구를 위한 도구'가 있습니다. 이런 도구를 "의미를 더해 주는 도구들"이라고 분류해 보았어요. 찻자리가 놀이가 될 수 있게 하고, 찻자리에서 예술을 느낄 수도 있게도 합니다. 기능보다 예쁨을 더 우위로 두어도 이런 도구들은 기분 좋게 용인할 수 있습니다. 찻잎과 차탕에 큰 영향을 주는 것이 아니기 때문에 다양한 재료로 만들 수도 있지요.

다구 중에는 다도육군자 茶道六君子 라고도 하고 기목육용 奇木六用 이라고도 불리는 도구가 있습니다. 차를 우리는 것을 도와주는 역할을 하는데요, 여섯 가지 도구가 여기에 포함되어 여섯 명의 군자에 비유하기도 하고 전통적으로는 주로 나무로 만들어 '여섯 가지 쓰임이 있는 기이한 나무들'이란 뜻이 이름에 담겨 있습니다. 차협, 차시, 차칙, 차루, 차격 그리고 이 모든 것들을 담을 수 있는 필통이 이 여섯 가지 도구에 들어갑니다.

이 외에도 찻자리 받침[다포]이라든지, 차호 받침, 찻잔 받침, 차시 받침, 집게 받침 등 여러 받침들, 물기를 닦을 수 있는 차수건인 다건 茶巾, 찻자리의 친구가 되어주는 다우 茶友 등 꼭 필요한 건 아니지만 찻자리를 더 편안하고 즐겁게 해 주는 다구들이 있어요.

특정 계절에 더 선호되는 물성도 있고, 각각의 취향에 따라 자유롭게 구성하고 조합할 수 있는 아름다운 도구가 많답니다. 각각의 재질을 살려 만든 의미 깊은 도구들을 그 물성에 따라 분류해 보았습니다.

의미를 더 해 주는 도구들

작가의 손에서 만들어지지 않아도 다구가 될 수 있어요. 자연에서 만나는 돌, 나무, 솔방울, 나뭇잎, 열매들, 모든 것이 찻자리의 다도구로 사용할 수 있습니다. 강가에서 편평하고 예쁘게 모난 돌을 만나면 차호의 뚜껑을 올려두는 개반이나 거름망 받침으로 사용해볼까 생각하게 됩니다. 가을의 빨간 단풍잎이나 노란 은행잎으로 잔받침을 대신하기도 합니다.

봄의 노란 생강나무꽃이 달린 가지, 여름 초록의 남천과 가을 빨강의 남천, 초가을 작은 감 열매, 겨울 목화솜도 찻자리로 가져오면 달리 보입니다. 생강나무꽃은 생강나무에 피는 노란 꽃입니다. 산수유꽃과 비슷하게 생겼지만, 산수유꽃과 달리 생강나무꽃은 향이 좋아 매년 봄 3월이 되면 항상 산수화에 꽂아 두곤 합니다.

부모님 댁에 내려갈 때마다 가위를 들고 대나무가 가득 있는 곳으로 갑니다. 너무 곧은 가지보다는 살짝 곡선이 있거나 예쁜 선을 가진 가지를 찾습니다. 잘라 온 대나무 가지는 그대로 사용하기도 하고 잔가지들을 돌돌 말아 손잡이를 만들어 주기도 합니다. 자연은 그대로 멋진 차도구가 되어줍니다. 대나무를 차시 겸 차침으로 사용하고 작은 솔방울을 주워 받침으로 사용합니다.

의미를 더 해 주는 도구들

기목육용 奇木六用 은 차를 우리는 과정을 좀 더 쉽게 할 수 있도록 도와주는 도구입니다. 다도조 茶道組, 다도육군자 茶道六君子, 다예육용 茶藝六用 이라고도 합니다.

차침 茶針
차호의 막힌 곳을 뚫어주는 도구입니다. 차호의 차탕이 나오는 부분이 단공(구멍이 하나)일 때 주로 사용하는데, 찻잎이 그 구멍을 막아 차탕이 잘 나오지 않을 때 차침의 뾰족한 부분을 차호 부리에 넣어 찻잎을 제거합니다.

차시 茶匙
끝이 작은 숟가락 형태로 찻잎을 차호에 넣거나 다 우려낸 엽저를 빼낼 때(긁어낼 때) 사용합니다. 한쪽 끝은 차침, 다른 쪽 끝은 차시로 하나의 도구가 차침과 차시 두 역할을 모두 하기도 합니다.

차칙 茶則
차를 담은 차통에서 찻잎을 덜어낼 때 사용합니다. 작은 찻잎이나 동그랗게 말린 오룡차에 주로 사용하며 잎의 크기가 큰 백모단 백차나 덩어리로 단단하게 눌린 보이차를 해괴한 경우에는 차협을 사용하는 것이 더 편리합니다.

차협 茶夾
찻자리에 사용하는 집게입니다. 찻잔 등 여러 다구를 집을 때 사용합니다. 찻잔을 열탕에 소독할 때도 유용합니다. 찻잔을 집을 수 있는 집게와 다르게 생긴, 좀 더 좁고 가는 집게는 다 우린 찻잎을 관찰하는 데 사용하는 엽저용 집게입니다.

차루 茶漏 [다루]
깔때기처럼 생겼습니다. 찻잎을 차호에 넣을 때, 뚜껑을 연 차호 위에 올려 찻잎이 옆으로 나가지 않도록 도와줍니다. 차호의 입구가 좁을 때 차루를 사용하면 더욱 유용합니다.

차통 茶桶
위의 다섯 가지 도구를 담는 통입니다.

의미를 더해주는 도구들

아름다운 나무 기물을 모아 봤습니다. 고연산방의 차도구입니다.
작가께서는 한국 재래종 나무, 그 중에서도 조직이 단단한 하드 우드로서
오랜 시간 건조해 뒤틀림이 적고 안정적인 고재만 사용합니다. 다구
제작을 위해 나무를 새로 베지는 않는다는 원칙에 따라 이미 오래전 다른
용도로 베어졌던, 혹은 재해를 입어 쓰러진 나무들의 조각들과 오래된
고택에서 나온 나무들을 사용합니다. 나무를 깎다 생기는 작은 조각들과
톱밥들도 그냥 버리지 않습니다. 모두 고연산방을 둘러싸고 있는 차나무,
매실나무, 밤나무의 거름으로 되돌아갑니다.

노간주나무, 비자나무, 돌복숭나무, 돌배나무, 왕벚나무, 산벚나무, 뽕나무,
매화나무, 잣밤나무, 고염나무, 대봉감나무, 졸가시나무, 주목나무,
느티나무, 조록나무… 고연산방을 만나며 많은 나무를 알게 되었습니다.
나무의 결이 만들어내는 선, 상처와 옹이가 만들어내는 무늬는 다구에
그대로 드러나 있습니다.

다하에 많은 정성을 들여 하나의 아름다운 다구로, 작품으로 만드는
작가가 많이 없었던 오래전 그 시절부터 고연산방은 다하, 개반, 다루를
정성으로 만들었습니다. 차호나 다른 다구에 비해 소중하게 생각하지
않았던 작은 다구를 아름답게 만들어 그 소중함을 알게 해주었어요.

소재와 형태와 문양이 어우러지도록 하여 그 안에 여러 가지 의미를
담고 있습니다. 봄이 오기를 바라는 나비문, 열두 달을 의미하는 열두
개의 면, 수복을 의미하는 박쥐문, 건강하고 행복한 찻자리를 바라는
마음의 복福자, 좋은 소식을 전해주는 제비처럼 좋은 차를 기다리는
다하라는 의미의 제비 꼬리 무늬, 장수를 바라는 돌림문 등 좋은 의미를
주는 문양들이 있습니다. 소박하기도 하고 화려하기도 한 이 다구들은
찻자리에서 다른 다구들과 조화롭도록 일부러 조금 작은 크기로 만듭니다.

고연산방의 차도구를 사용할 때만큼은 좀 더 마음을 모아 집중하며 천천히
차를 내리게 됩니다. 평소에 잘 사용하지 않는 왼손으로 다하 조각의
튀어나오고 들어간 부분들을 만져보며 감각을 되살려 봅니다. 고재로 만든
다구들은 오래 찻자리를 함께하며 손을 타 더 아름다워집니다.

사진 속 고연산방의 다도구들은 크게 네 가지로 나누어집니다.

다하 고연산방 작가께서는 우리말 '차보자'란 말을 즐겨 사용합니다.
오늘 우릴 차를 감상할 수 있고 차호에 넣을 만큼 미리 덜어둘 수 있는
도구입니다.
개반 차호의 뚜껑이 차판에 부딪혀서 이가 나가거나 깨어지지 않게,
뚜껑에서 떨어지는 물방울에 다포가 젖지 않게, 차호 뚜껑을 올려두는
도구입니다. 너무 미끄러운 소재는 뚜껑이 떨어져 깨질 수 있어요.
다루 차호의 차를 넣는 부분이 좁을 때 다루를 올려 찻잎이 차호 밖으로
튀어 나가지 않게 도와주는 도구입니다.
향로 찻자리 전 차실의 공간을 정화하고 오시는 분들을 맞이하는 마음을
담습니다.

의미를 더해주는 도구들

왕벚나무로 만든 파도문 집게 받침입니다. 아주 오래된 왕벚나무는 거의 검은색에 가까울 정도로 어두운 빛을 띠고 있습니다. 작은 직사각형 안에 파도 문양이 조각되어 있어요. 차시를 올리는 차시 받침보다 집게를 위해 좀 더 안정적인 크기와 형태로 만들었어요. 작은 차호의 뚜껑을 올리는 개반으로도 사용합니다. 파도문 집게 받침 아래에 찻물이 든 삼베 조각을 함께 깔아두고 같이 있는 모습과 그 색을 보며 혼자 좋아하기도 합니다.

의미를 더해주는 도구들

중국의 골동 청화백자 도자기 위에 올린 향로입니다. 골동 도자기의 약간 휘어진 동그라미 위로 정확히 맞게 만들었는데, 뚜껑을 맞추듯, 나사를 돌리듯, 잘 맞는 부분을 찾아 살짝 돌리면 꽉 맞물립니다. 오래된 대추나무를 깎아 사람 모양의 상형문자를 구현한 향로입니다. 아래에는 청화백자의 호수 한 가운데로 배를 타고 노를 젓는 사공의 모습이, 위에는 대추나무 향로 위로 춤을 추듯 서로서로 손을 맞잡은 사람이 있습니다.

의미를 더해주는 도구들

고연산방 하면 떠오르는, 고연산방을 대표하는 다하입니다. 가장 인기가 많은 다하기도 하죠. 산수화에서 주문을 받아 고연산방에서 매장으로 도착했다가 손님에게 간 수많은 연꽃 다하가 있었어요. 각각 나무 고유의 색, 오래된 세월에 의한 색, 특유의 질감, 나이테와 옹이, 나무의 상처가 만든 무늬 등에 따라 모두 다르게 보였습니다. 피어 있는 큰 꽃잎 끝자락에 하트 모양 무늬가 있었던 것, 불타오르는 것처럼 붉디 붉었던 것, 세월을 머금은 먹색이 편안했던 것, 나무가 너무 단단하여 도돌도돌한 조각도의 흔적이 유난히 돋보이던 것, 안으로 조각된 긴 선이 있는 것과 없는 것… 기억에 남는 연꽃 다하가 참 많습니다.

의미를 더해주는 도구들

몇 해 전 대만 출장을 갔다가 발견한 앤틱 대나무 죽반입니다. 대만에서 구입했지만 일본에서 만들어진 것인데요. 대나무를 잘라 바닥 면의 문양을 만들어내고 가장자리 벽은 죽절 竹節 [대나무 대의 마디]로 쌓아 올렸습니다. 한눈에도 정성을 많이 들인 목반입니다. 오래된 목반은 잘 건조되어 작은 조각들을 이어 문양을 만들었음에도 형태의 틀어짐이 없습니다. 적당히 세월의 때가 묻은 목반은 광이 납니다. 기술은 점점 더 좋아지고 발전한다지만, 가끔 이런 기물을 만날 때면 꼭 그렇지만도 않은 듯 합니다.

노동의 가치가 달라진 지금, 섬세하고 세밀하면서 사용에 조금 더 공을 들이도록 만들어진 것들은 점점 사라지고 있는 것 같아요. 이 책에 싣지는 않았지만, 파피루스로 만든 앤틱 쟁반도 있습니다. 얼마나 세밀하게 접고 이어서 만들었는지, 또 얼마나 단단한지 만질 때마다 놀라곤 합니다. 이 대나무 죽반과 함께 오래 전 대만여행 중 구입했던 추억이 있습니다.

의미를 더 해주는 도구들

일본의 〈Pejite〉에서 만든 목반입니다. 니헤이 토오루 仁平透 대표는 2004년부터 골동품을 다루다 2009년 합리적인 가격대의 고가구를 취급하는 '니헤이 고가구'라는 가게를 오픈했습니다. 2014년에는 아오야마에 고가구와 수공예품 등을 판매하는 Pejite를 오픈하여 직접 수리와 가공을 더하여 좀 더 특별한 고가구를 만들고 있어요. 고가구와 고도구를 중심으로, 고재를 사용하는 새로운 제품을 만들며, 시대를 초월하는 아름다운 물건들을 수리하고 재생, 재구축하여 현대의 삶에 새롭게 제안하는 것을 모토로 삼고 있습니다.

이 목반은 2019년 도쿄 여행에서 구입했어요. 마침 Haluta라는 가구점에서 Pejite와의 협업한 작품을 전시하고 있었습니다. 나무의 깨진 부분을 그대로 살려 만든 원형반은 그 형태 그대로 너무 좋았습니다. 꼭 수리의 개념이 아니더라도, 그 자체로 마감된 목반도 아름답다고 느꼈어요. 어떤 가공을 거쳐 제작되었는지는 모르지만, 사용하는 동안 환경이 바뀌어도 크게 틀어지거나 더 깨지지 않아 만족스럽게 잘 사용하고 있습니다.

의미를 더해주는 도구들

한국 골동 소반입니다. 온전한 형태의 저의 첫 소반이기도 합니다. 강원도 소반으로 불리는 이 원형 소반은 골동 전문가인 조인성 선생님을 통해 구입했습니다. 선생님은 한국 골동품을 수집하기도 하고 수리하기도 하고 재구성하기도 합니다. 오래된 골동품의 수리 과정에서 쓰임새가 애매하거나, 쓰임을 잃고 방치된 소재에 의미를 부여하고 새롭게 조합하여 지금의 라이프 스타일에 맞는 크기와 형태로 만들어 생활로 끌어오는 작업을 주로 하고 있어요. 이 강원도 소반은 그가 수집한 골동품 중 하나를 구입한 것입니다.

강원도 원반 치고는 높이가 꽤 높은 편에 속하며, 상판과 함께 다리 역할을 하는 아래쪽 원통은 통째로 하나의 나무를 깎아 만들었습니다. 나무 자체가 꽤 크지 않은 이상 이렇게 만들기는 어려우므로 보통의 강원도 원반은 상판과 다리를 두 개로 따로 제작해 붙이는 경우가 많습니다.

이 소반은 상판의 여러 굴곡도 매력적이지만 통으로 깎아낸 점이 마음에 들었습니다. 소반 위 김동준 작가의 하얀 백자 꽃병을 올려 꽃꽂이하기도 하고 소반 위에 작은 찻자리를 만들기도 합니다.

의미를 더해주는 도구들

조장현 작가의 작은 합입니다. 작업대 위에서 다른 기물을 만들고 난 후, 그 기물을 작업대에서 잘라내고 남은 밑 부분의 느낌이 좋아 만들게 되었다고 합니다. 의도하지 않게 생겨난 표면의 무늬와 면의 형태로부터 작가의 시선이 발견해 낸 기물이 바로 이 합이라고 생각합니다. 면과 면이 만나 만들어내는 라인, 상부와 바닥 면의 표면 느낌이 그저 좋았습니다.

향합으로 만들어진 것 같으나 저는 다양하게 사용합니다. 뚜껑을 덮은 그대로 개반으로 사용하기도 하고, 조금 큰 뚜껑은 뒤집어서 작은 자사호의 호승으로, 아래 몸통 부분은 집게 받침이나 개반으로 사용합니다. 혹은 뚜껑을 열어 하나는 개반, 하나는 차시 받침으로 사용하기도 합니다. 도구의 용도를 정하는 것은 그것을 사용하는 '나' 자신이니까요.

의미를 더 해주는 도구들

오래전 대만 여행에서 구입한 작은 도자기입니다. 아마 산수화를 운영하기도 더 이전이었을 거예요. 당시에 두 개를 구입했는데, 하나는 사진의 청색 그림이 있는 거고, 다른 하나는 노란색, 주황색 컬러풀한 동그라미들이 있었어요. 전형적인 차시 받침의 형태가 아니어서 어떤 용도의 물건인지 알지 못했는데요. 어쩌면 차시 받침이라기보다 젓가락 받침이나 디저트 포크 받침이 제 용도였을 지도 모르겠습니다.

원래 컬러풀한 조각을 더 좋아했는데, 좋아하는 산수화의 손님이 갖고 싶어 하셔서 그 분께 내어드리고 저에게는 이 청화 조각이 남았습니다. 지극히 차분한 찻자리에 이 작은 도자기 하나로 점을 찍은 그 모습이 너무 좋았는데 약간은 튀는 것 같아도 반짝이는 밝은색의, 조금은 화려한 그림까지 있는 이 작은 도자기가 주는 발랄함이 좋았습니다.

가끔 생각하곤 합니다. 어쩌면 이 작은 도자기 조각이야말로 저의 찻자리를 좀 더 자유롭게 해 준 일종의 계기였을지도 모르겠다고 말이에요. 이 도자기를 시작으로 최근 김동완 작가의 유리 차시 받침까지 오게 되지 않았을까 싶거든요. 김동완 작가의 유리 차시 받침 이야기는 이 챕터 후반부에서 다시 들려 드릴게요.

의미를 더해주는 도구들

다우 茶友 는 단어 그대로 차를 마실 때 함께 있어 주는 친구입니다. 차를 마시는 사람들이 찻자리에 두는 작은 동물이나 조각상 같은 거예요. 차는 함께 마셔도 즐겁지만 혼자 마실 때는 사실 더 즐겁습니다. 차에 온전히 집중할 수 있고 차의 향과 차의 여운이 진하게 다가옵니다. 물이 끓는 소리, 차탕이 떨어지는 낙수 소리, 공기 중으로 퍼지는 차향, 모든 것이 또렷이 느껴집니다. 혼자 차를 마시는 순간이 많아지면서 곁에 작은 다우를 들입니다. 차를 마시면서 다우에 찻물을 부어주며 같이 마시기도 합니다.

사진의 다우는 전설 속 용의 아홉 번째 아들이라고 하는 비휴 貔貅 입니다. 영화 〈신비한 동물사전[Fantastic Beasts]〉에 나오는 신비한 동물 중 하나인 '니플러'를 보셨을까요? 영화에서는 은행을 지나던 중 니플러가 가방에서 탈출하면서 이야기가 시작됩니다. 아마도 비휴에서 영감을 받지 않았을까 싶은데요. 비휴는 금은보화를 좋아하여 보기만 하면 무조건 집어삼키는 엄청난 식탐의 소유자입니다. 금은보화를 모조리 싹 먹어 치우고 천궁 여기저기에 똥을 싸고 다니는 걸 보고 옥황상제가 크게 노했다고 해요. 비휴의 엉덩이를 너무나 심하게 때린 탓에 이후로 비휴는 아무리 먹어도 먹어도 영원히 배설할 수 없게 되었다는 이야기가 전해져요. 그래서 비휴는 재물, 성공, 사업운의 상징입니다.

산수화를 운영하며 힘든 순간들이 제게도 있습니다. 그럴 때 조용히 찻자리에 앉아 비휴에 찻물을 부어 주고 있노라면 힘든 일도 왠지 힘든 일이 아닌 것처럼 느껴지곤 합니다.

의미를 더 해 주는 도구들

사진 속 신기하게 생긴 기물은 도자기로 만들어진 이진선 작가의 다루입니다. 흙으로 작은 구슬들을 만들고 다시 그 구슬들을 실로 꿰어 달아준 작은 그릇을 작가의 작업실에서 보았습니다. 문득 차호에 왕관처럼 씌워주고 싶다고 생각했어요. 작가께 '다루'의 용도를 설명한 후 마음이 가는 대로 만들어 달라 부탁드려 만든 작품입니다.

저는 이걸 보고 왕관을 떠올렸는데, 보는 분들마다 레게머리, 해파리, 아프리카 민속공예 등 다양한 이야기들을 해 주셨어요. 어떤 것이든 될 수 있고, 생각한 것이 아니라 하더라도 즐거운, 재미있는 시도였습니다.

찻자리는 상상을 펼칠 수 있는 곳입니다. 너무 진지하거나 형식에 매여 있지 않아도, 경직된 틀에 갇히지 않아도 되어요. 이진선 작가의 이 다루는 저의 찻자리를 조금 더 재미있게, 좀 더 상상을 펼쳐갈 수 있게끔 도와 주는 소중한 기물입니다.

의
미
를

더
해
주
는

도
구
들

조장현 작가의 필통입니다. 필통에는 차시, 차침, 차칙, 차협, 엽저용 차협, 양호필[자사호를 양호하는 붓] 그리고 소포장된 차봉지를 자를 작은 가위 등 많은 것을 담을 수 있습니다. 그렇지만 이 전부를 차를 우릴 때 사용하지는 않습니다. 저는 큰 필통은 따로 두고 찻자리 근처에는 차침 정도만 받침과 함께 두거나, 차침과 차시 혹은 차시와 양호필 정도만 간단히 두고 싶을 때가 있는데, 그럴 때 작은 필통이 있으면 좋겠다고 생각했습니다. 시중에서 찻자리 위에 두고 사용하면서 크기가 부담스럽지 않고 다른 다구들과 조화를 이룰 필통을 구하기란 쉽지 않았습니다.

2022년 가을 〈다도구를 위한 도구〉 전시를 위해 작가께 부탁드려 만든 필통입니다. 그 자체로 존재감이 뚜렷하면서도, 찻자리에서 혼자 튀지 않고 스며드는 멋진 필통입니다.

의미를 더 해 주는 도구들

차를 좋아하시던 엄마를 따라 밀양에 가곤 했습니다. 밀양에는 강영준 작가의 단장요가 있어요. 가마를 여는 날이면 엄마와 함께 단장요에 갔다가 근처 늘 가는 식당에 들러 수제비와 고추전을 먹고 돌아오는 것이 하나의 코스였습니다. 당시 차는 어떻게 보면 마니아 시장이었고, 서울보다는 대구나 부산 같은 경상권 도시에서 그 성격이 조금 더 강했었어요. 그때는 서울에서 단장요 다구를 판매하는 곳이 없었던 걸로 알고 있어요. 서울에서 찻집을 하기로 마음을 먹고, '산수화'라는 이름을 정하기도 전에 단장요 강영준 작가께 말씀드렸던 기억이 생생합니다. "저 서울에서 찻집 열 거예요", "사람들에게 작가님 다구를 소개하고 싶어요" 라고 말이에요.

지금도 차 시장은 마니아적 성격이 강하다고 생각하지만, 이전보다 차를 즐기는 사람들이 많아졌고 다구를 구입하는 사람들도 많아졌습니다. 인스타그램이라는 SNS 세상이 열리며 예전에는 강한 지역성을 보이던 시장이 도시와 나라의 경계를 허물며 저변을 넓혀가고 있어요. 이 글을 쓰고 있는 며칠 전 단장요에서 작가 내외분과 함께 차를 나누었는데, 올해엔 도쿄와 상해에서의 전시를 준비하고 있다고 합니다.

작가께서는 분청 작업을 위주로 백자 작업도 함께 하고 있어요. 분청은 다채로운 빛깔을 표현할 수 있고, 덤벙이라는 기법과 그림을 넣을 수도 있습니다. 분청으로 된 다도구는 사용하며 차심 茶心 이 남아 세월의 흔적이 깃들기도 합니다. 분청 차통에는 정겨운 모란꽃과 개나리꽃이 가득 피었습니다. 하나에는 즐겨 마시는 보이차를 해괴하여 넣고, 다른 하나에는 오래 두고 마실 노老백호은침을 넣어둡니다.

의미를 더 해주는 도구들

허유정 작가의 국화입니다. 완전한 형태의 국화꽃이 아니며 활짝 피었다가 때가 오면 한 잎, 두 잎 떨어지는 자연의 모습을 그대로 담았습니다. 가을 차회를 위해 국화를 주제로 작가께서 만든 '차의 반려 기물'이었어요.

작가께서는 베란다에 종류별로 국화 모종을 심고 개화 전의 모습부터 봉우리가 나오고 꽃이 피기까지의 모습을 세세히 관찰했습니다. 국화가 피어나는 모습을 보며 먹의 농담으로 그려지는 동양화 속 국화를 떠올리고, 우리 문화 속 국화의 여러 모습도 다시 찾아보게 되었다고 해요. 영감이 되는 이미지, 작업물을 모은 작가의 두꺼운 사진 노트를 함께 보며 저도 국화에 흠뻑 빠졌습니다.

저는 이 '차의 반려 기물'을 차시를 기대어 올릴 수 있는 차시 받침으로 사용하고 있어요. 모든 것은 완벽할 수 없고 항상 아름답기만 할 수도 없죠. 한 잎 두 잎 떨어지는 것은 자연스러운 일이고 시간이 흐르는 것은 어쩔 수 없는 일이라 생각합니다. 가을이 오면 은으로 된 국화꽃을 꺼냅니다. 가을에 만끽할 모든 것을 즐기지만 곧 겨울이 오는 것도 알고 있습니다.

의미를 더 해 주는 도구들

2018년 대만 출장 중 차시 하나를 구입했습니다. 한국으로 돌아와 사용하면서 쓸수록 쓰기 좋고 손에 들어오는 크기와 두께감도 알맞아 작가가 누구였는지 떠올려 보려 했는데, 차시에 아무런 표식과 사인이 없어 누가 만들었는지 알 수 없었습니다. 몇 년이 지나고 인터넷에서 금속으로 만든 예쁜 다하 사진 한 장에 반해 작가를 찾아 연락을 드리고 그분의 작업물을 보았는데, 이 차시가 있었어요. 실물로 보기 전엔 같은 건지 정확히 몰랐는데, 몇 가지 다도구를 주문하고 1년여 만에 주문한 다구들이 산수화로 도착했을 때 같은 작가가 만든 것임을 알고 너무 반가웠지요.

소건임 蘇健霖 작가께서는 금속으로 자연을 닮은 다양한 작업을 하고 있습니다. 여러 해 동안 차 공부를 하며 차에 대한 깊은 이해에서 출발한 다도구를 만들고 있어요. 작가의 작업은 앞으로 조금씩 산수화에서 구입 가능하며, 2023년엔 '밫'에서 전시도 준비하고 있습니다.

사진의 다하와 차시의 조합이 특히 아름다운데요, 두 기물을 같이 두고 보면서 마음에 떠오른 것이 있었어요. 나란히 앉아 이야기를 나누다 편집자에게 "그 일본 소설"이라고만 이야기했는데도, 친구이기도 한 편집자는 금방 "배를 엮다"라고, 제 마음에 떠올랐던 미우라 시온의 소설 제목을 말해 주었어요. 마음을 알아주는 친구처럼 좋은 조합입니다. 바다를 건너는 배와 노처럼요.

의미를 더해주는 도구들

사진의 골동 삼발이는 고미술상에서 구입했습니다. 나무판을 덧대고 내부에 금속판을 두르고 그 안에 이 삼발이를 두고 다시 그 안에 숯을 넣고 재를 만들어 주전자를 올리려고 했어요. 화로에 끓이다가 잠시 옮겨두는 받침으로 사용해도 좋을 것 같았습니다.

지금은 산수화 한켠에 곽시겸 작가의 탕관을 올려두고 있습니다. 오랜 세월과 함께 적당히 녹이 낀 삼발이의 색과 장작가마에 소성하며 재를 입혀 작업한 탕관의 녹이 든 것 같은 표면이 잘 어울린다고 생각했어요. 이 탕관은 아랫부분에 실금이 있어 지금은 사용할 수가 없어요. 수리가 필요하지만, 당분간은 이렇게 삼발이와 함께 산수화에 둘 것 같습니다.

의미를 더해주는 도구들

여러 형태의 주석 잔 받침을 가지고 있습니다. 오래된 금속에서는 현대 기물에서 느낄 수 없는 중후함이 있어요. 산수화를 하지 않을 때 구입한 것도 있고 산수화 출장 중에 구입한 것도 있습니다. 엄마에게는 심플한 둥근 형태들이 있어 저는 무늬들이 화려한 것들을 구입했어요.

앤틱 기물을 좋아하지만, 사실 산수화에서는 잘 사용하지 않고 있어요. 이제 차를 시작하는 분들이 좀 더 다양한 도구를 사용해 보고 각자의 미감을 가지고 작품을 대했으면 하는 마음에서죠. 너무 비싼 차와 비싼 다구, 혹은 쉽게 구할 수 없는 것들을 마시고 가져야만 멋있다는 생각을 가지지 않았으면 하는 마음이 늘 있습니다.

쉽게 구할 수 없는 고가의 차와 골동품은, 진위 여부를 떠나 차와 다도구라는 틀 밖에 있다고 생각합니다. 그것들이 비싼 이유는 가장 맛있어서도, 효능이 좋아서도 아니에요. 거기에 수많은 이야기가 담겨 있고, 그 이야기들을 우리가 좋아하기 때문이죠. 비싼 가격이 '가장 좋은 차' 혹은 '가장 좋은 다도구'를 의미하는 건 아니라는 사실은 많은 점을 시사합니다.

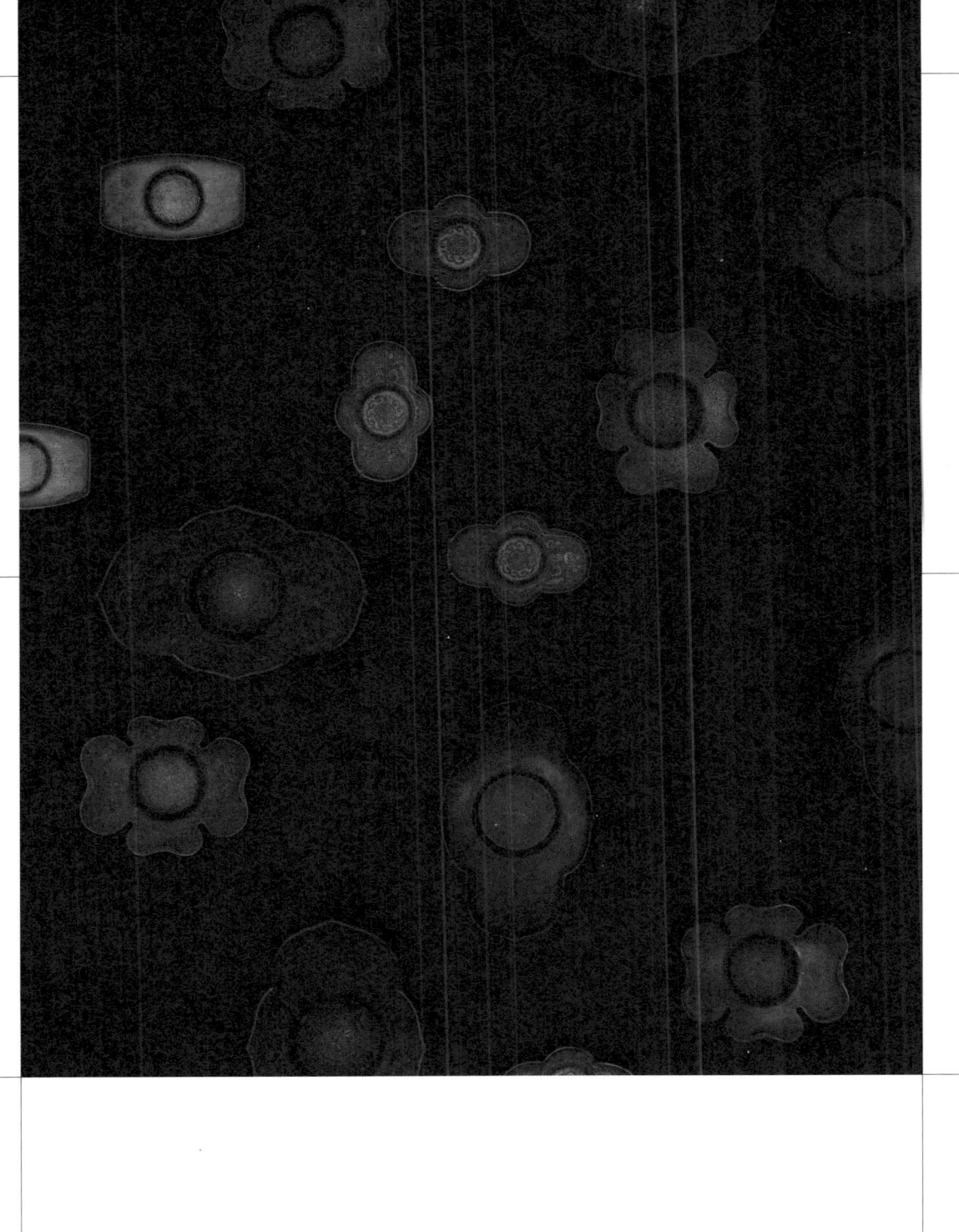

의미를 더해주는 도구들

류연희 작가께서 만든 도구입니다. 저는 이걸 '말차를 위한 도구'라고 이름 지어 보았습니다. 작가의 작업실에서 용도를 짐작하기 어려운 스푼 비슷한 도구를 봤어요. 작은 원통이 끝에 달려 있었는데, 그 재미있는 형태가 좋았습니다. 작품에 드러나는 재미난 여러 요소로 다도구를 만들고 싶어서 이런 저런 상상을 할 무렵이었는데요. 조장현 작가의 아이디어로 하나의 원통이 두 개, 세 개가 되어 말차를 덜어내는 차시가 되었습니다.

하얗고 반짝이는 은색의 작은 원통들에 연둣빛 말차 가루를 소복이 쌓아 담고, 다완에 떨어뜨린 후 아주 살짝 완을 두드리면, '팅' 하고 깔끔하게 울리는 소리가 좋았어요. 남은 가루가 바닥에 떨어지지 않도록 작은 뚜껑처럼 생긴 받침을 함께 만들어 주셨는데, 이 받침은 이대로도, 또 뒤집어서도 아름답습니다. 차시 받침이나 집게 받침, 차호 뚜껑 받침[개반]으로도 사용할 수 있어요.

류연희 작가와 조장현 작가의 아이디어가 함께 들어간, 작고도 흥미로운 첫 시도였습니다.

의미를

더해주는

도구들

산수화에서의 첫 전시로 인연을 맺은 Ivoryandgray 작가께서 제작해 주시는 산수화 에디션 〈Tea blanket〉 시리즈가 있습니다. 첫 버전은 총 세 개의 조각이 한 세트로 이루어져 있었습니다. 기물을 담는 주머니를 품고 있는 메인 조각 한 장은 길게 펼쳐 바닥에 깔아 두는 다포, 그리고 차호를 감쌀 수 있는 작은 다포 하나, 그리고 찻잔을 쌀 수 있는 더 작은 잔 받침 하나, 이렇게 세 가지 패브릭 조각이 한 세트로 구성되어 있어요. 고정하는 끈까지 그 계절 식물의 색을 넣어 제작한 아름다운 오브제였습니다.

Ivoryandgray는 계절마다 산책하고 서로 대화를 나누며 발견하는 이미지, 마음에 담아두고 기억하고 싶은 순간을 식물을 통해 그려냅니다. 각 계절의 식물로 티 블랭킷을 매 시즌 만들어 주시는데요. 작품 속에는 겨울도 담기고 여름도 담기고 봄과 가을도 담깁니다.

사진의 작품은 두 번째 시리즈로서, 주머니가 있는 직사각형 형태의 티 블랭킷입니다. 판매하면서 살짝 '나를 위한 선물'로 구입했어요. 마치 겨울 아침 같은 시린 느낌이 좋습니다. 물안개 사이사이 보이는 먼 산들이 나와 함께 풍경을 관조하는 듯한 느낌. 그 순간 풍경이 작품 속으로 저를 데려가는 것 같았습니다. 보드라운 소재로 만들어진 주머니에 잔들을 챙겨 도르르 말아 정성껏 매듭을 지어 봅니다. 가방에 넣고 보온병에 따뜻한 차를 우려 담아 산책길을 나섭니다.

의미를 더 해주는 도구들

차호를 호승에 두고 사용할 때, 차호을 내릴 때마다 나는 차호와 호승이 부딪히는 소리가 조심스러웠습니다. '나비가 날듯' 차호를 사뿐히 들고 내리라지만, 늘 그렇게 하지 못하는 건 늘 고요한 마음으로만 차를 마실 수는 없기 때문인가 봅니다.

차호와 호승 사이 얇은 보호용 받침, 소리가 나지 않게 해줄 수 있는 받침이 항상 필요합니다. 잘 건조된 수세미를 자르고 다림질하여 사용하기도 하고 부직포도 잘라 사용해 보곤 하는데, 즐겨 사용해보는 것 가운데 삼베 조각이 있습니다. 긴 삼베를 사서 조금씩 잘라 사용하지요. 혼자 쓸 때와는 달리 산수화에서는 여러 개를 랜덤하게 사용하다 보니 작은 조각들은 각각 다양한 모습으로 시간을 담아 갑니다. 찻물이 이제 막 들기 시작한 것, 찻물이 어느 정도 든 것, 찻물이 아주 많이 들어 진한 갈색이 된 것… 하나의 삼베에 스미는 다양한 찻물의 색을 볼 수 있습니다. 잘라 사용하던 작은 조각들을 큰 삼베 조각 위에 올려서 말리다 보니 큰 삼베 조각에도 찻물이 들었습니다. 무심히 사용해 왔는데, 어느 순간 이렇게나 아름답게 변했습니다.

파란 동그라미 받침은 산수화 초기부터 알고 지낸 동네 언니가 손바느질로 만들어 주었습니다. 오래 쓰니 찻물도 들고 많이 해지게 마련인데, 이상하게 차도구는 해지고 낡을수록 더 애정이 생깁니다. 정감 듬뿍 담긴 이 받침을 만들어 주었던 동네 언니는 지금은 이사를 가 더 이상 동네 언니가 아니지만, 전통을 재현하고 재해석하는 멋진 브랜드의 사장님으로 계속 만나고 있습니다. 실과 바늘로 아름다움을 만들어내는, LIMN 김수연 대표입니다.

의미를 더 해주는 도구들

ECER 편집자이기도 한 친구의 소개로 김정화 작가와의 인연이 시작되었습니다. 처음 집으로 찾아 뵈었던 날, 작가께서 밥을 지어 주었습니다. 뜨끈한 밥 한 끼를 정성껏 내어 주며 들려주시는 인생 이야기, 작업 이야기가 너무 좋았습니다. 밥 먹으러 간다고 했지만, 사실 이야기를 들으러 가고 또 갔습니다.

사진은 김정화 작가의 이야기가 담긴 조각보입니다. 반듯한 사각형 안에 반듯하지 않은 비정형의 조각들이 자리하고 있습니다. 특히 모서리 부분의 엉성한 곡선, 매끈하지만은 않아 보이는 선이 튀는 듯 튀지 않는 이유는 독특한 색감 때문일 거예요. 김정화 작가께서는 자연의 식물로 전통 염색을 하고 전통 염색으로 그림을 그리는 작가입니다. 이 조각보가 아름다운 건, 사과나무 잎으로 염색한 작은 조각조각의 색감에 있지 않나 싶습니다. 명주실을 하나하나 꼬아 손으로 만든 수직 모시에 전통의 방법으로 계절마다 색을 입히고 또 입혔다고 합니다. 손으로 엮은 실은 힘을 준 곳도 있고 힘이 빠진 곳도 있습니다. 시간이 지나며 색은 나이를 먹으며 그 안에 농담과 강약이 생겨났습니다.

이제는 더 이상 물건을 담고 감싸고 덮는 용도로 사용하지는 않지만, 용도를 떠나 저는 찻자리 곁에 예술로, 그림처럼 두고 있습니다. 차를 마시며 이 그림 같은 조각보를 바라보고 있으면 작가의 이야기가 떠오릅니다. 지금의 삶에 더 충실하고 싶고 오늘이 더욱 소중하게 느껴지는 이유입니다.

의미를 더 해주는 도구들

오래전 답십리 고미술 상가에서 구입한 민보입니다. 구입할 당시에는 민보인지 무엇인지도 모르고 그저 낡아 해어진 질감과 색이 좋아 구입했어요. 구입한 골동상 사장님의 '연대가 오래된 것은 아니나 지금은 구하기가 어렵다'는 정도의 이야기만 기억에 남습니다.

앞 페이지에서 소개한 김정화 작가를 만나면서 이 보자기를 조금 더 이해하게 되었습니다. 천의 자투리를 아껴 두었다가 이어 붙여 만들었습니다. 미리 디자인하고 재단하지 않았기에 자로 잰 듯한 정방형의 모음이 아닌 비구상적인 형태가 되었습니다. 지극히 실용적인 의도로 만들어진 물건 하나가 의도하지 않았던 아름다움을 후세에 전하고 있습니다.

과거에 보자기는 가방의 역할 뿐 아니라 깔개, 가림막 등 여러 용도로 쓰였습니다. 경제적 여유가 있던 계층에서 자유롭게 천을 쓰며 색 구성을 하고 패턴도 만들며 보자기를 만들었다면, 서민은 자투리 천을 이용하여 민보를 만들어 썼습니다. 정형화된 형태가 아니었다 보니 바느질에도 손이 더 많이 가고, 가르치고 배우기도 쉽지 않아 지금은 오히려 보기 드문 보자기가 되었지요. 김정화 작가와의 만남이 없었다면, 제가 가진 민보를 아직까지도 잘 이해할 수 없었을 거예요. 산수화를 하며 만나는 물건도, 인연도 신기하다는 생각을 자주 합니다. 물건이 물건을 이어 주고 인연이 인연을 맺어주는 것 같습니다.

의미를 더해주는 도구들

김동완 작가의 작업실에서 박스 한가득 버려진 유리 조각들을 보았습니다. 불규칙한, 너무나 아름다운 형태를 가지고 있었어요. 작가께 물어보니, 유리 항아리 등 다른 작품을 만들면서 자른 조각들이라고 했습니다. 다른 형태의 완성품을 만들기 위해 의도 없이 생겨나는 형태, 컬러였습니다. 그 자체로도 너무 아름다워 날카로운 부분을 조금 다듬고 최소한의 작업을 더하여 차시 받침으로 만들어 달라고 요청하여 이 작품이 탄생되었습니다.

만들고 보니 활짝 핀 꽃처럼 펼쳐진 형태로 있고 꽃봉오리처럼 좁은 형태도 있었어요. 옆으로 눕혀 사용하기도 하고 세로로 세워 높게 사용하기도 하는데, 높게 사용하다 보니 그대로 작은 꽃병이 되면 좋겠다고 생각했습니다. 작가께 아래에 있는 작은 구멍을 막을 수 있는지 작업 공정을 물어보았어요. 그렇게 만든 엄지손가락 정도의 작은 꽃병은 찻자리 곁에 슬며시 두고 그 계절의 꽃 한 송이를 꽂습니다.

저는 정교하게 설계된 찻자리에 한 두가지 재미나거나 예상치 못한 것을 두는 것을 좋아합니다. 찻자리에 작은 숨구멍을 내어주는 것 같을 때가 있어요. 저에게 김동완 작가의 차시 받침은 한 번씩 눈만 마주쳐도 웃게 하는, 찻자리의 숨구멍입니다.

차의 언어로
만든 자리

차의 언어로 만든 자리

찻잎 한 조각에서부터 찻자리의 여러 기물까지 함께 살펴보았어요. 이제 함께 찻자리를 구성해볼까요?

앞서 말씀드렸듯, 유리잔 하나에 물을 붓고 찻잎을 넣어도 차입니다. 그렇지만 찻잎이 들려주는 이야기에 귀 기울여 마음을 담아 차를 우린다면 그 한 잔의 차는 더 이상 여러분이 이전에 알았던 차가 아니게 됩니다. 여러 종류의 차를 우릴 때 적용되는 단 하나의 방법이라는 게 존재할 수 없듯, 찻잎 각각의 이야기에 애정을 갖고 보다 보면 어느덧 차가 기물을 부르고 물을 부르고 우리는 시간과 온도를 알려줄 거예요.

따뜻한 차호에서 공기 중으로 차향이 퍼지고 한 모금 마시면 입 안으로 퍼지고, 입 안에 차가 사라지고 그제야 가득 느껴지는 차의 맛. 그 맛이 사라질 때까지 가만히 느껴보는 그 순간은 온전히 스스로 집중하는 시간입니다. 여러 생각들이 춤추듯 떠오르다 사라지며 고요해지는 지점, 나를 만나는 그 순간을 위해 우선 찻잔 하나와 호 하나로 시작해 보겠습니다.

차의 언어로 만든 자리

나를 만나는 고요한 순간을 위해 찻자리를 준비합니다. 많은 것이 필요하지 않습니다. 충분히 아름다운 차호 하나, 그리고 크기가 딱 맞는 잔 하나를 준비합니다. 오래된 자니 자사호와 진주요 홍우경 작가의 옛 잔이 딱 맞습니다. 수평호와 닮은 자니호는 수평호에 비해 키가 조금 큰 편이고 용량이 50ml가 채 되지 않는 아담하고 귀여운 호입니다. 거름망도 숙우도 없이, 집게도 집게반도 퇴수기도 없이, 호와 잔을 준비하여 차를 마십니다. 이것으로 충분합니다.

차의 언어로 만든 자리

친구를 불러봅니다. 좀 더 넉넉한 크기의 차호와 잔을 준비했어요. 잔을 모두 합한 용량이 차호의 용량과 같습니다. 고연산방의 연꽃잎 다하에 차를 담습니다. 작가께서는 연꽃의 가장 바깥에 있는 꽃잎을 생각하며 깎았다고 합니다. 60여 년 된 대추나무로 만든 다하는 아주 짙은 색입니다. 자니호와 함께 두니 색이 참 예쁩니다. 사방 죽절자사호 아래에 사각의 호승, 그리고 다리가 없는 사각 소반을 쟁반으로 두었어요. 허유정 작가의 국화 위에 소건임 작가의 차시를 가볍게 올렸습니다. 오래된 세월이 느껴지는 소반에 떨어진 꽃잎도 한 잎, 두 잎 두었어요.

덕화에서 만들어진 팔각잔을 두었습니다. 잔 받침은 없어도 될 것 같아 따로 두지 않았어요. 공도배를 준비하지 않아 우러난 차탕을 차호에서 잔으로 옮길 때는, 한 번에 가득 채우지 않고 조금씩 채워 첫 잔에서 마지막 잔까지 채워가다 마지막 잔을 가득 담고 다시 첫 잔으로 되돌아오며 나머지를 채웁니다. 그러면 네 잔의 차탕 농도를 어느 하나는 연하고 어느 하나는 진하지 않게, 모두 똑같이 맞출 수 있어요.

차의 언어로 만든 자리

차를 하며 파란색이 좋아졌습니다. 예전에는 파란색은 너무 차갑고 딱딱한 색이라고 생각했어요. 차를 하며 청화백자를 접하고 쪽물을 들인 모시를 만나고 파란색이 좋습니다. 림봉희 작가의 파란 차호와 파란 공도배를 꺼냅니다. 골동 청화백자에 오래된 대추나무를 깎아 올린 고연산방의 향로에 향도 피웁니다. 향을 피우면 차실의 공기가 바뀝니다. 손님이 오시기 전 미리 향을 피우기도 하고, 오시고 난 뒤 소소한 이야기를 나누며 차를 우리기 전에 향을 피워 환영한다는 의미를 담기도 합니다.

향로의 향이 모두 타고 연기가 사라집니다. 조금 시간을 두었다가 차를 우리기 시작해요. 차실의 공기 속으로 차향이 퍼집니다. 잔은 경덕진 진여당의 청화백자 잔 다섯 개를 준비했어요. 차호에서 잘 우러난 차를 잔에 따릅니다. 차호의 뚜껑을 열고 땅콩 모양의 차시 받침 위에 올려둔 대나무 조각으로 한쪽으로 치우친 찻잎을 살짝 퍼뜨려 줍니다. 찻잎이 숨 쉴 수 있도록.

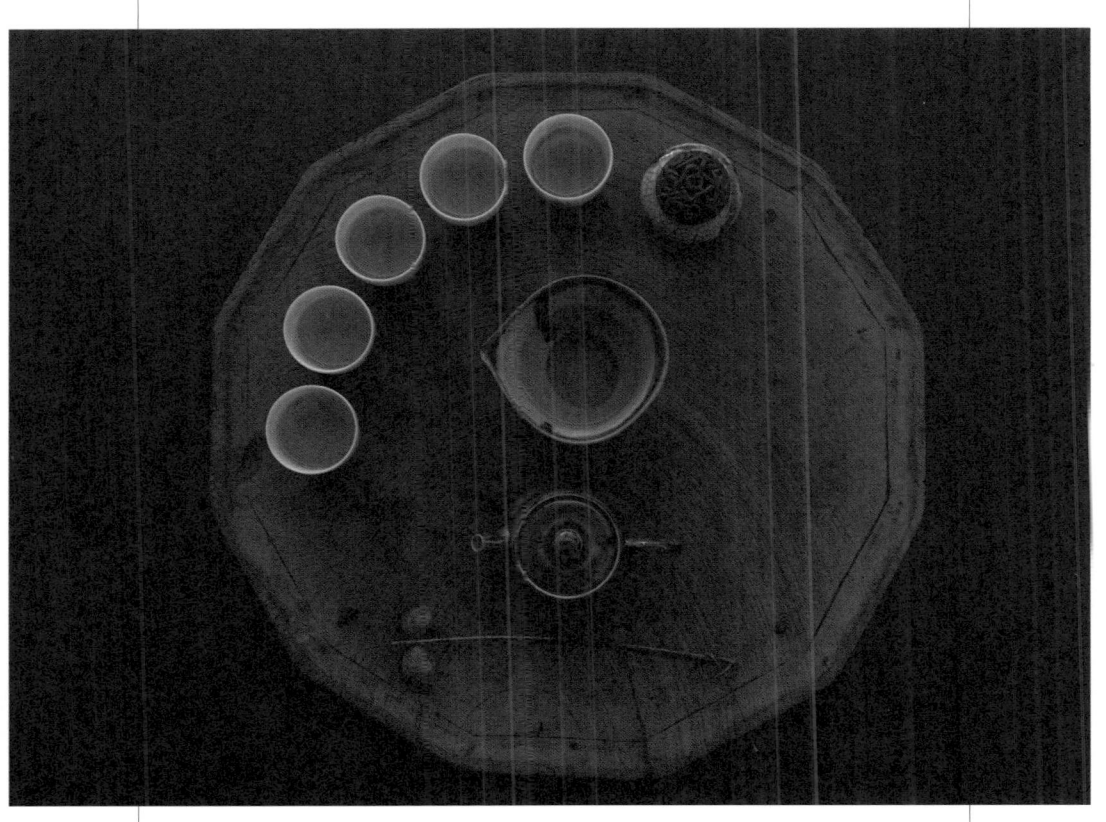

차의 언어로 만든 자리

차를 마시는 데에는 많은 것이 필요하지는 않지만, 아름다운 것을 좋아하다 보면 하나 둘 기물이 모이게 됩니다. 그렇게 모이다 보면 취향도 생기고 수집도 하게 되지요.

차호를 고를 때, 무조건 출수가 좋은 것, 삼수삼평이 맞는 것, 잡기 편한 것, 가장 자주 쓸 수 있는 용량의 것을 고집하셨다면 아마도 서로서로 비슷하고 겹치는 역할을 담당하는 호만 가지게 될 거예요. 모든 차를 다 잘 우릴 수 있는 단 하나의 완벽한 호는 없습니다. 처음 시작할 때는 차의 미묘한 맛을 잘 모르기도 하고 본인이 어떤 차를 가장 즐겨 마실지, 그 차에 가장 잘 맞는 재질의 호는 어떤 것인지 알기 어렵습니다. 어느 날 시작한 차 마시기가 몇 번 마시다 끝날 수도 있고, 저처럼 즐겨 애호愛好하게 되고 늘 곁에 두게 될 수도 있습니다.

저는 늘 처음 차를 시작하시는 분에게 유약이나, 흙의 종류, 소성 방법 등 너무 많은 것을 따지기보다 가장 마음에 드는 것으로 그냥 하나를 고르시라 말씀드립니다. 가장 마음에 드는 모양, 색, 질감을 고르면 아무래도 더 자주 만지고 싶어지니까요. 그렇게 차를 즐기면 두 번째 차호나 개완을 구입하고 싶을 거예요. 그때는 이미 가진 것과 다른 재질을 추천합니다. 다른 재질의 두 가지 차호를 사용하게 된다면 이제 금방 발견하시게 될 거예요. 재질에 따라 차의 맛이 달라진다는 사실을요.

차호의 미덕은 출수나 절수에만 있지 않습니다. 그것을 만든 브랜드나 작가의 생각과 철학, 아름다움을 담은 요소 요소들, 사용하는 동안 손가락 끝으로 전해지는 느낌까지. 이 모든 것이 미덕입니다. 잔도, 다른 기물도 마찬가지예요. 기능이나 편안함만 추구하다 보면 이내 찻자리는 재미없어집니다.

다른 이의 찻자리를 유심히 보는 것도 큰 도움이 됩니다. 이미 그려진 찻자리를 보며 본인의 취향과 비슷한 사람을 찾아봅니다. 거기에 창의성을 조금 더하며 즐거움을 찾아보세요. 그러다 보면 어느새 원하는 기물을 수집하게 될 거예요. 진여당의 모토인 '예술의 생활화, 생활의 예술화'를 떠올려 봅니다.

차
의

언
어
로

만
든

자
리

차 바구니를 만들어 보았어요. 이대로 들고 따뜻한 물을 보온병에 담고 돗자리 하나 챙겨 산으로 강으로 갈 수도 있어요. 야외에서 마시는 차 한 잔은 더 달게 느껴집니다.

원래는 두 단으로 되어있는 대나무 바구니지만 오늘은 한 단으로 충분할 것 같아 2층 단은 빼두었습니다. 은색으로 된 통은 선물 받은 것으로 예쁘게 포장된 설탕이 들어 있었어요. 깨끗이 씻고 건조하여 휴대용 차통으로 사용하고 있어요. 이 통은 매우 가벼운 데다 보이차의 경우 30g 정도는 거뜬히 들어가 여행 갈 때 즐겨 사용하곤 합니다. 대만 백자 차통에는 문산포종을 담고 은색 통에 1998년 7542를 조금 해괴하여 담았습니다. 작은 차호와 공도배, 공도배 안에 쌓아 담을 수 있는 잔 4개를 넣었어요. 백자 차통 아래엔 퇴수기로 사용할 작은 그릇을 넣고 땅이 울퉁불퉁할까 잔 받침도 사이사이 빈틈에 끼워 넣어봅니다. Ivoryandgray의 티 블랭킷을 다건 대신 넣고 그 아래로 무이암차도 한 봉 챙겨 넣었어요. 끝이 부러져 잘라내고 대충 사포로 다듬어 사용하고 있는 길이가 짧아진 차시는 바구니 안에 쏙 들어갑니다.

이제 단단한 대나무 뚜껑을 덮고 출발합니다.

차의 언어로 만든 자리

찻잎을 보고 찻잎이 들려주는 이야기에 귀 기울여 차를 우리기 시작했다면, 기물을 관찰하고 이해하고 그 기물을 다루는 방법을 잘 알게 되었다면, 이제는 매일 차를 우릴 때마다 나의 찻자리를 살펴봅니다. 차를 우리며 긴장을 풀고 어깨에 힘을 빼고 좀 더 편하고 좀 더 바른 자세를 의식하면서 찻자리를 만들어 갑니다.

오른손잡이라면 물을 끓이는 자수기는 가장 오른쪽에 두고 왼쪽으로 가면서 차호가 있고, 공도배가 있고, 잔들이 있을 거예요. 물이 흘러가는 순서니까요. 탕관에서 끓인 물을 차호에 담고 차호에서 우러난 차탕을 공도배로 옮기고 다시 잔으로 따릅니다. 손님들이 앞에 있다면 잔을 앞쪽으로 두고 공도배를 차호와 찻잔 사이 적당한 곳에 두어도 좋습니다.

우리기 전 마른 찻잎을 담아두는 다하에 물이 떨어지면 안 되겠죠. 물이 지나는 동선에서 멀리 둡니다. 간혹 막힌 차호의 부리를 뚫는 차시는 오른손잡이라면 차호의 오른쪽에 두거나 혹은 내 몸과 좀 더 가까이에 두면 편리합니다. 찻자리 위에서 물이 어떻게 움직여 가는지를 살펴보면 다구의 위치를 정할 수 있고, 위치가 익숙해지면 손의 움직임이 좀 더 유려해집니다.

차를 우리는 나의 움직임에 번잡함이 없게 불필요한 동작을 줄이며, 동작과 동작이 부드럽게 이어질 수 있도록 모든 것이 마땅한 위치에 놓이는 것, 그렇게 관찰하고 조금씩 다듬어 가는 것이 다도라고 생각해요.

봄이 오고 여름, 가을, 겨울이 옵니다. 꽃이 피고 지고 비가 오고 눈이 오고 절기가 찾아옵니다. 그에 어울리는 차와 기물을 골라 찻자리에도 변화를 줄 수 있습니다.

차의 언어로 만든 자리

사진의 호는 아주 오랫동안 엄마가 사용하시던 호입니다. 앞서 괴량영[蒯良榮] 작가의 서시호를 설명하며 이야기했던 자사호예요. 오래 아끼며 사용하여 찻물이 꽤 들었던 호인데 그만 뚜껑이 깨져버렸어요. 후에 작가께서 뚜껑만 새로 만들어 20여 년간 잘 양호된 몸체에 새로 만든 뚜껑이 합쳐졌어요.

차의 단맛이 더 잘 느껴진다며 엄마는 사용할 때마다 정성을 들여 양호를 했어요. 그리고 작가께 보여드리고 싶다고 깨지지 않게 잘 포장하여 의흥까지 조심하며 가지고 갔습니다. 호를 본 작가께서는 정말 많이 좋아하셨어요. 이만큼 양호가 잘 된 본인의 호를 작가께서도 가지고 계시질 않았기 때문이었습니다. 손님들이 계속 구매해 갔으니까요. 아름답게 양호된 호를 들여다보며 아이처럼 좋아하며 사진을 찍던 작가의 아내, 홍화평 작가의 얼굴도 떠오릅니다. 이후 뚜껑이 깨졌을 때 상심하던 엄마의 얼굴도, 다시 의흥을 찾아 작가를 만났을 때, 1초의 망설임도 없이 뚜껑을 다시 만들어 주겠노라 하신 작가의 표정도 생생합니다. 새로 만들어진 뚜껑이 한국으로 온 첫날, 짙게 양호된 원래 몸체에 올려 보며 살짝 낯설었던 첫 느낌도, 너무나 좋아하던 엄마의 표정도 떠오릅니다.

오래 아낀 하나의 기물에는 지나온 날만큼 수많은 이야기가 담겨 있습니다. 오래된 몸체와 새 뚜껑이 만난 선원호에는 오래된 것을 아끼고 사랑하는 마음과 만드는 사람들을 존경하는 마음, 시간의 흐름을 자연스럽게 받아들이고 차의 흔적을 생활 속에 담담히 담는 마음, 차로 연결된 사람들을 존중하는 마음이 담겨 있습니다. 찻잎이 들려주는 이야기를 소중히 담는 마음, 기물을 관찰하며 깨닫는 마음과도 이어집니다. 엄마의 오랜 자사호로부터 내가 만드는 '차의 언어'의 소중함을 다시금 깨닫습니다.

에필로그

햇살이 유독 따스하게 느껴지는 3월이면, 저는 묵은 문산포종을 마십니다. 날은 여전히 춥고 아직 겨울 코트도 못 벗었지만요. 초록이 묻은 봄비 같은 문산포종을 마시며 곧 나올 햇녹차를 상상합니다. 이른 아침 녹차를 우리고, 나른한 오후엔 보이생차를 우립니다. 비가 오는 날에는 자닭황차를, 눈이 오는 날에는 무이암차를 떠올립니다. 안개 낀 날 고산오룡을 찾고 찬바람이 불면 운남홍차를 찾습니다. 추운 날 외출하고 돌아와서 보이숙차를, 육보차를 다하에 담고, 초여름 점심을 먹고 말차를 다완에 담습니다.

이 모든 시작은 엄마였습니다. 어릴 땐 차는 늘 마시는 것이었지 궁금한 것은 아니었습니다. 그런데 이십 대에 엄마를 따라 처음으로 갔던 중국 운남에서 모든 것이 바뀌었어요. 아빠도 차를 좋아하시지만 엄마는 좋아하는 것에서 그치지 않는 열정이 있었습니다. 차가 좋아 중국으로 대만으로 가고, 차 창고를 짓고 차를 수입하고 보관하기에 이르렀습니다. 보이차가 궁금하여 운남으로, 암차가 궁금하여 무이산으로, 백차가 궁금하여 복정으로 비행기를 타고 갔습니다. 차를 만드는 사람들을 직접 보고 싶어 하셨고 생각하는 것은 무조건 하고야 맙니다. 저 역시 차가 궁금해지고 궁금한 것을 참지 못하게 되었습니다.

좋은 환경 山 에서 나는 좋은 차를 고르고,
깨끗한 물 水 로,
차가 지닌 것들을 조화롭게 和 우려내어 한 잔의 차로 드리는 곳,
차와 사람, 사람과 사람, 사람과 공간이 조화로운 和 곳이라는
산수화 山水和 를 오픈하기에 이르렀어요.

산수화를 시작했던 2014년만 하더라도 차를 아는 사람이 많지 않았습니다. 2년이 지난 시기 즈음 이미 너무 힘들었습니다. '이대로 괜찮을까?' 의문이 들 때 힘내라고 먼 걸음 오시는 분들도, 3년을 버티면 10년을 버틸 수 있으니 괜찮다고 하신 손님들이 계셨습니다. 그만두어도 된다고, 언제든 다시 시작하면 된다고 하시는 아빠의 응원은 더 잘 버티고 더 잘 하려는 마음을 갖게 했습니다. 3년을 겨우 버티고 거짓말처럼 힘을 내다 보니 내년이면 벌써 10년이 됩니다. 가게를 하며 만나는 많은 손님들, 삶의 공부가 되도록 끝없이 영감을 주는 작가, 선생님들이 계셔서 일 년이 지나고 또 일 년이 지납니다.

책을 써 보면 좋겠다는 이야기를 듣고 처음엔 겁이 났습니다. 쓸 달이 없을 것 같았습니다. 그렇지만 사진 한 장 같이 들여다보며 이렇게 담담하게 이야기하는 책이라고, 쓰고 싶은 이야기만 써도 된다고 하는 말이 좋았습니다. 편집자와 함께 나눈 이야기들을 원고로 마무리하고 브니 차에 대해 이렇게 하고 싶은 말이 많았구나 싶습니다.

차의 길로 이끌어 주신 부모님과 믿고 기다려 준 김슬아 님, 산수화 가족과 산수화를 아껴 주시는 모든 분께 감사의 인사를 전합니다.

2023년 봄
정혜주

정보가 아닌 관점을 주는 책을 만들고 싶다. <차의 언어>를 기획하면서 품은 소망이었습니다.

저자 정혜주 님은 찻집 '산수화'를 통한 업력과 탁월한 감평, 감식안으로 유명합니다. 아마 백과사전 같은 책을 만들 수도 있었을 것입니다. 그렇지만 차에 대한 저자의 방대한 지식과 훌륭한 컬렉션을 보여주기보다는, 차에 대해 어떤 마음을 가진 사람이고 어떤 태도를 가진 사람인지 더 많은 이에게 알리고 싶었습니다. 그리하여 이 책은 먼 곳에서 온 찻잎 한 톨을 소중히 들여다보는 저자의 이야기에서 시작하여 오랜 시간을 함께 한 '엄마의 자사호'로 마무리됩니다.

우리 모두는 아무리 애를 써도 찻잎 한 장 만들어 낼 수 없는 인간일 뿐입니다. 먼 곳의 찻잎 한 조각이 수많은 이의 손을 거치고 오랜 시간을 기다려 한 잔의 차로 우리 앞에 놓이는 일은, 그래서 더욱 기적과도 같습니다. 또한 그 차가 들려주는 이야기에 귀를 기울여 맛과 향과 의미를 최대한 드러나게 하는 일 역시, 온전히 나 자신의 몫입니다. 단정히 놓인 차 한 잔과 마주할 때 잊지 말아야 할 마음이란 무엇일까요. <차의 언어>가 이 질문에 대한 자유로운 관점 하나를 세상에 더할 수 있기를 기대합니다.

2023년 봄
김슬아